Ehrfurcht vor Gott

Klaus Zierer, Thomas Gottfried

Ehrfurcht vor Gott

Über das wichtigste Bildungsziel einer modernen Gesellschaft

Waxmann 2024
Münster • New York

Bibliografische Informationen der Deutschen Nationalbibliothek
Die Deutsche Nationalbibliothek verzeichnet diese Publikation in der Deutschen Nationalbibliografie; detaillierte bibliografische Daten sind im Internet über http://dnb.dnb.de abrufbar.

Print-ISBN 978-3-8309-4890-2
E-Book-ISBN 978-3-8309-9890-7

Steinfurter Straße 555, 48159 Münster

www.waxmann.com
info@waxmann.com

Umschlaggestaltung: Anne Breitenbach, Münster
Umschlagabbildung: © TJmedia – Shutterstock.com
Satz: MTS. Satz & Layout, Münster
Druck: CPI Books GmbH, Leck

Gedruckt auf alterungsbeständigem Papier,
säurefrei gemäß ISO 9706

MIX
Papier aus verantwortungsvollen Quellen
FSC® C083411

Printed in Germany

Inhalt

Ehrfurcht? – Echt jetzt!

Ein Geleitwort von Pfarrer Rainer Maria Schießler

Mal ganz ehrlich: Ist nicht das Wort „Gott" selbst schon längst aus der Mode gekommen? Wie und wo kommt es in unserem Sprachgebrauch überhaupt noch vor? Bei jeder Trauung ergänze ich bei der Befragung des Brautpaares den Satz: „Wollen Sie Ihre Frau/Ihren Mann lieben und achten?" mit dem Zusatz: „… und ehren"! Ich weise die Anwesenden darauf hin, was das bedeutet, jemandem die Ehre zu erweisen, nicht erst nach seinem Leben, nicht nur jetzt gerade in diesem Moment, nein, sogar in die uns allen noch unbekannte Zukunft hinein!

Sich gegenseitig diese Ehre zu geben ist die Grundlage für jede Gemeinschaft. Das Wort „Furcht" in diesem wunderschönen Begriff „Ehrfurcht" hat daher überhaupt nichts mit Angst, Unterwerfung, Schwäche oder Kapitulation zu tun. Ehrfurcht ist die größte und die stärkste Form des Miteinanders, die es gibt, und Ausdruck meiner das ganze Leben begründenden Freiheit. Jede Ehrfurcht voreinander aber wurzelt in meiner Beziehung zum Schöpfer allen Lebens, nämlich Gott selbst. Bräuchte die religiöse Erziehung im Elternhaus oder in unseren Schulen noch eine zusätzliche Bestätigung – in der ehrlichen und offenen Beziehung des Menschen gegenüber seinem Schöpfer ist sie zu finden.

Von daher führt eine Formulierung wie „Brauchen Kinder Religion?" sehr schnell in die Irre. So wie Muße, Gedichte, Lieder usw. lassen sich auch Gebet und Religion nicht einfach durch den Zweck definieren. Sie können Folgen haben, sollen aber tunlichst nicht von den Folgen her beschrieben werden. So ist das Gebet eine unglaubliche Sprache, in das Kinder ihr Leben bergen und so die großen Bilder des Glaubens zusammenfassen und in den Schoß Gottes legen können. Das allein ist schon Zweck genug!

Religion darf daher niemals ein Erziehungsmittel sein! Dafür sind sowohl Religion wie die Kinder zu schade. Es geht nicht um die Frage, wie der Glaube den Kindern irgendwie beim Leben weiterhelfen kann, sondern darum, dass der Glaube von Anfang an eine Lebenswirklichkeit unserer Kinder ist, jetzt schon und nicht erst dann, wenn der Mensch über ihn souverän und intellektuell entscheiden kann. Warum sollen unsere Kinder erst viele Jahre später vom Brot essen, das uns Erwachsene am Leben hält? Eltern können für sich den Glauben ablehnen, haben aber nicht das Recht, ihre Kinder mit dem Argument der vorgeschobenen Freiheit von den Schätzen der Religion fernzuhalten. Ich entscheide auch nicht erst mit 16, ob ich mal Musik hören will!

So betrachtet ist Glaubenserziehung wie Erziehen überhaupt immer auch Herrschaft gewinnen über die Herzen und Seelen von Menschen. In allem bieten wir den Kindern eine Lebensvorlage, über die sie ohnehin später einmal selbständig entscheiden werden. Wir leben ihnen eine Lebenskonzeption vor, die ihnen noch fremd ist, und wir sind ihnen Vorbeter und Vorsprecher mit einem erwachsenen, reiferen Glauben. Auch wer sich für nicht religiös hält, tut dies und behauptet dann eben, Religion sei falsch. Unsere Vorsprache aber ist immer im Ton einer Einladung zu erspüren und darf nie zum Diktat werden! Ehrfurcht vor Gott zu haben ist nämlich kein Appell, sondern immer ein Geheimnis der Liebe. Ein Geheimnis aber ist eine Wahrheit, ein Schatz und kein Rätsel, das vielleicht nicht auflösbar ist.

So wollen wir unseren Kindern ein deutliches Lebenskonzept geben, aber immer gewaltfrei, d.h., auch ihnen gewaltfrei widerstehen. Jede Erziehung ist liebevoller Widerstand, unsere Zumutung den Kindern gegenüber, anders zu sein. Hinter dieses Ideal der Gewaltlosigkeit, entstanden seit 1900, können wir nicht mehr zurück.

Die Frage ist daher eher, ob wir die Kinder ihrer eigenen Einsamkeit ausliefern dürfen in Sachen Religion. Religion bietet Zusammenhänge, und ohne diese bin ich allein. Daher brauchen Kinder gewaltlose Deutlichkeit, das sind unsere Gesichter, wenn sie sich mit anderen vergleichen können sollen. Es ist unzureichend, in einem ständigen Harmoniebedürfnis jeglichen Konflikt ersticken zu wollen. Gute Erziehung lebt von fairer und anständiger Kritik, auch in der Religionserziehung.

Gegen alle Tendenzen hin zu einem falsch verstandenen Freiheitsbegriff, der auch die religiöse Unterweisung im privaten wie im schulischen Leben ausklammern möchte, muss es uns immer ein Anliegen sein, Kindern Religion nicht vorzuenthalten. Das beginnt schon bei der Sprache. Es ist nicht rechtens, dem Kind zu sagen, „Gott gibt es nicht“! Einer, der nicht glaubt, soll antworten: „Ich glaube, dass es ihn nicht gibt, aber ich weiß es nicht“. Religiöse Erziehung ist für viele nicht mehr selbstverständlich, die Reaktion darf aber auch nicht religiöse Ignoranz und Verwilderung sein. Wir haben zwar keine sicheren religiösen Zeiten und Umgebungen mehr, das gibt uns aber nicht das Recht zu schweigen. Eltern, Pfarrer, Lehrer und Erzieher sollen weiter springen, als sie können. Man kann nicht nur etwas lehren, was man liebt, sondern auch das, was man vermisst. Erst, wer nichts mehr vermisst, kann auch nichts mehr lehren.

Auch wenn unsere Welten unreligiöser werden nach außen hin, Religion nicht mehr so deutlich präsent ist in Orten, Zeiten und Funktionen, so ist dies keine Tragödie, sondern eher Befreiung und Beschwernis. Befreiung, weil ein großer Druck von außen weicht. Beschwernis, weil Religion nicht mehr selbstverständlich ist. Traditionsbruch muss aber nicht Abbruch bedeuten, sondern kann auch neugierig machen auf neue und alte Traditionen und diese miteinander verbinden. Das war auch früher nicht anders, nicht jede religiöse Übung hat begeistert. Es kann sein, dass unsere

Kinder Umwege und Irrwege gehen werden. Sie haben ein Recht darauf und werden am Widerstand wachsen, den wir ihnen bieten.

„Was sind das für Ermahnungen, Gebote und Rechte, die euch der Herr, unser Gott geboten hat?“, heißt es im alttestamentlichen Buch Deuteronomium. Woran also sollen wir unsere Kinder erinnern? Zunächst eben nicht an Moral und Aufgaben, sondern an die große Freiheitsgeschichte Israels (Pessachmahl): „... und der Herr führte uns heraus aus Ägypten mit starker Hand.“ Diese Geschichten der Freiheit und der Rettung des Lebens, diese Glaubensverkündigung sind wir unseren Kindern schuldig. Die Moral folgt dann von selbst.

Prolog: Deutschland und die Welt in der Krise

„Krisenmodus“ steht an der Spitze der Wörter des Jahres 2023, gefolgt von „Antisemitismus“, „leseunfähig“ und „KI-Boom“ – so die Entscheidung einer Jury der Gesellschaft für deutsche Sprache (GfdS), die den Beschluss auf ihrer Homepage mit folgenden Worten erläutert:

> „Krisen gab es schon immer. Aber in diesem Jahr scheinen die Krisen und ihre Bewältigung zu kulminieren. … Wir sind umzingelt von Krisen. Noch nicht bewältigte Krisen wie Klimawandel, der Russland-Ukraine-Krieg oder die Energiekrise werden von neuen Krisen eingeholt. Nahostkrieg, Inflation und Schuldenkrise kamen nun hinzu und auch die Bildungskrise spitzte sich zu. Der Ausnahmezustand ist längst zum Dauerzustand geworden. Gefühle wie Unsicherheit, Ängste, Wut, Hilflosigkeit und Ohnmacht prägen den Alltag vieler Menschen. Zwischen Apathie und Alarmismus zu einem angemessenen Umgang mit den andauernden Ausnahmesituationen zu finden, fällt schwer.“[1]

Wirft man einen Blick auf die ersten vier gewählten Worte des Jahres, so fällt auf, dass sie im Zusammenhang stehen:

- „Krisenmodus“ bezeichnet die Wahrnehmung, dass eine Vielzahl schier unüberwindbarer Herausforderungen, Probleme und Schwierigkeiten unser Leben bestimmt.
- „Antisemitismus“ lässt sich als Abneigung, Diskriminierung und Feindseligkeit verstehen, die sich gegen Menschen jüdischen Glaubens richten.
- „leseunfähig“ steht pars pro toto für die Bildungskrise in Deutschland, die nun schon seit mehreren Jahren zu erkennen ist.

- „KI-Boom“ als Schlagwort einer Digitalisierung der Lebenswelt weist auf einen rasant wachsenden Markt hin, dessen Produkte immer wieder für Furore sorgen, zuletzt ChatGPT.[2]

In einer derartigen Situation wären eigentlich die Religionen gefragt, den Menschen Hoffnung und Mut zuzusprechen, die aus Gottvertrauen kommt. Stattdessen befinden sich unsere Kirchen selbst in der Krise, und Religionen werden auf globaler Ebene nicht selten eher als Bedrohung denn als Garant des Friedens wahrgenommen. Eine öffentliche Diskussion über die Gottesfrage ist jedoch unvermeidbar, wie sich seit dem 7. Oktober 2023 im Nahost-Konflikt zeigt, dessen Entstehung bis ins 19. Jahrhundert zurückreicht. Doch auch der Ukraine-Krieg hat eine religiöse Dimension, was vor allem in den unterschiedlichen Haltungen des Kiewer und Moskauer Patriarchats deutlich wird.

Der multiple Krisenmodus bezieht sich nicht nur auf die Wahrnehmung kriegerischer Konflikte in der Welt, sondern auch auf die „zunehmende(.) sprachliche(.) Radikalisierung im öffentlichen Raum“[3]. Die Zersplitterung unserer Gesellschaft in verschiedene Lebensentwürfe, Weltanschauungen, politische Einstellungen und ethische Priorisierungen hat auch eine Verhärtung in den Haltungen von immer mehr Menschen mit sich gebracht, die zu Spaltung und Unversöhnlichkeit führt – der frühere Bundespräsident Joachim Gauck diagnostiziert daher „Erschütterungen“.[4]

Die Polykrise, in der sich die deutsche Gesellschaft befindet, lässt sich auf den verschiedensten Feldern feststellen, von denen hier nur die für uns wichtigsten genannt werden:

- Die Ergebnisse aus PISA 2022[5] belegen, dass unsere Schülerinnen und Schüler in allen Kompetenzbereichen noch *unter* den Ergebnissen der ersten Erhebung PISA 2000 liegen. Auch wenn Bildung mehr ist, als eine Längsschnittstudie in Deutsch, Mathematik und Naturwissenschaften misst, befindet sich unser Land eindeutig in einer Bildungskrise, befeuert durch kolossal falsche politische Entscheidungen in der Corona-Pandemie.

- Damit zusammen hängt die Tatsache, dass in der Gesamtbevölkerung, aber besonders unter Kindern und Jugendlichen, physische und psychische Erkrankungen in den letzten Jahren, insbesondere im Vergleich zur Zeit vor der Corona-Pandemie, zugenommen haben. Beispielsweise zeigen die Ergebnisse einer Sonderanalyse des DAK-Kinder- und Jugendreports mit Schwerpunkt auf die stationäre Behandlung psychischer Erkrankungen in den Jahren 2018 bis 2022, dass „besonders jugendliche Mädchen von solchen psychischen Erkrankungen betroffen sind, deren Krankenhausbehandlungen während der Pandemie zugenommen haben ... Hierzu zählen neben Angststörungen auch Depressionen und Essstörungen. Ein möglicher Hintergrund dieser Trendentwicklung ist, dass Mädchen eher zu solchen sogenannten internalisierenden psychischen Störungen neigen als Jungen, bei denen externalisierende Störungen (beispielsweise ADHS) häufiger zu beobachten sind."[6]
- Die Wirtschafts- und Finanzkrise unseres Landes zeigt sich nicht nur in den verschiedenen Versuchen der Bundesregierung, verfassungskonforme Haushalte aufzustellen, sondern auch darin, die Vorgaben der Schuldenbremse mit der Transformation von Wirtschaft und Gesellschaft im Kontext des globalen Klimawandels sowie insbesondere den Herausforderungen des Sozialstaats und der Migration in Einklang zu bringen. Demonstrationen, Proteste und innergesellschaftliche Konflikte sind in Deutschland in einem Ausmaß gegeben wie kaum zuvor in der deutschen Nachkriegsgeschichte.
- Damit einher geht die gesellschaftlich folgenreichste Krise für unser Land: Die deutsche Bevölkerung entfremdet sich von der Demokratie als Staats- und Lebensform. Indikatoren hierfür sind die manifesten Wahlenthaltungen von bis zu über 40 Prozent bei Landtagswahlen, die Polarisierung und Radikali-

sierung an den Rändern des parteipolitischen Spektrums, die Zersplitterung durch immer neue Parteigründungen und vor allem der Vertrauensverlust gegenüber Regierungen, Parlamenten, Parteien und Medien. Hunderttausende, die Anfang dieses Jahres an Demonstrationen gegen Rechtsradikalismus und Rechtsextremismus teilgenommen haben, belegen die Verunsicherung, die die Demokratie von innen her herausfordert.

- Nicht zuletzt befinden sich die Kirchen in einer institutionellen Krise, die sich an einem Höchststand an Austritten, kontroversen Reform- und Restaurationsbewegungen und am Rückgang religiöser Praxis (z. B. Gottesdienstbesuch) sowie einer Infragestellung des Religionsunterrichts zeigt. Dramatisch ist dies nicht nur, weil die Kirchen als größte Arbeitgeber sowie Kultur- und Sozialträger zu den bedeutendsten Institutionen dieses Landes zählen, sondern auch, weil die von ihnen vertretenen Glaubensinhalte ebenfalls an gemeinschaftsstiftender Wirkung verlieren. Mit dem Bedeutungsverlust des Christentums gerät gleichzeitig eine der tragenden Säulen unseres Staatswesens ins Wanken.

In dieser seit dem Ende des Zweiten Weltkriegs für die parlamentarische Demokratie, unsere Gesellschaft und unser Staatswesen gefährlichsten Situation müssen wir als Pädagogen weiter denken und genauer schauen, als nur darauf, wie die Ergebnisse von Schulleistungen wieder besser werden können. Unser Blick richtet sich auf unser Grundgesetz, das vor 75 Jahren, mit Ablauf des 23. Mai 1949 in Kraft trat. Da die Präambel „formaler Bestandteil des Grundgesetzes und daher rechtlich verbindlich ist",[7] gelten insbesondere die ersten Sätze auch und gerade in der heutigen polykrisenhaften Lage:

> „Im Bewußtsein seiner Verantwortung vor Gott und den Menschen, von dem Willen beseelt, als gleichberechtigtes Glied in einem vereinten Europa dem Frieden der Welt zu dienen, hat sich

das Deutsche Volk kraft seiner verfassungsgebenden Gewalt dieses Grundgesetz gegeben."[8]

Da Bildung im föderalistischen Staat zur Kulturhoheit der Länder gehört, betrachten wir exemplarisch die Bayerische Verfassung und erkennen darin dieselbe Geisteshaltung:

> „Angesichts des Trümmerfeldes, zu dem eine Staats- und Gesellschaftsordnung ohne Gott, ohne Gewissen und ohne Achtung vor der Würde des Menschen die Überlebenden des zweiten Weltkrieges geführt hat, in dem festen Entschlusse, den kommenden deutschen Geschlechtern die Segnungen des Friedens, der Menschlichkeit und des Rechtes dauernd zu sichern, gibt sich das Bayerische Volk, eingedenk seiner mehr als tausendjährigen Geschichte, nachstehende demokratische Verfassung."[9]

Neben dem Menschen ist also in der historischen Situation unmittelbar im Anschluss an die Nazibarbarei und den Zweiten Weltkrieg Gott eine feste, unverzichtbare Größe bei der konstitutiven Legitimation eines Staates: „Die totale militärische, politische, vor allem aber moralische Niederlage im Zweiten Weltkrieg und die beispiellosen Gräueltaten des barbarischen Naziregimes lagen (bei Inkrafttreten des Grundgesetzes) gerade einmal etwas mehr als vier Jahre zurück"[10] – im Falle der Bayerischen Verfassung sogar nur etwa anderthalb Jahre.

Betrachtet man die Bildungs- und Erziehungsziele, in denen die Bayerische Verfassung die Geisteshaltung der Präambel pädagogisch konkretisiert, so steht „Ehrfurcht vor Gott" an erster Stelle des Artikels 131 Abs. 2 BV:

> „(2) Oberste Bildungsziele sind Ehrfurcht vor Gott, Achtung vor religiöser Überzeugung und vor der Würde des Menschen, Selbstbeherrschung, Verantwortungsgefühl und Verantwortungsfreudigkeit, Hilfsbereitschaft, Aufgeschlossenheit für alles Wahre, Gute und Schöne und Verantwortungsbewußtsein für Natur und Umwelt.."[11]

Es ist kein Zufall, dass die immer größere Schwierigkeit, das Bildungsziel „Ehrfurcht vor Gott“ heute zu verstehen (z. B. von Lehramtsstudierenden) oder gar als schulart- und fächerübergreifende Erziehungsaufgabe zu akzeptieren und in Unterricht und Schulleben umzusetzen, zeitlich einhergeht mit den genannten Krisenphänomenen. Insbesondere die multiple Spaltung unserer Gesellschaft, die sinkende Zustimmung zu Pflicht- und Akzeptanzwerten und die Zunahme egozentrischer Haltungen, die Distanzierung und Entfremdung von gesellschafts- und staatstragenden Institutionen, die Abnahme der Bereitschaft, sich ehrenamtlich zu engagieren und sozialpflegerische Berufe zu ergreifen, die wachsende Intoleranz gegenüber Konfessionen und Religionen und nicht zuletzt die politische Radikalisierung und Entfremdung von der Demokratie erfordern eine Wiederentdeckung, aber auch eine neue Interpretation dieses Bildungsziels.

Als Pädagogen möchten wir einen Beitrag dazu leisten, in unserer offenen und pluralistischen Gesellschaft eine Debatte darüber anzustoßen, welche Bedeutung „Ehrfurcht vor Gott“ heute noch oder gerade wieder und mehr denn je spielen kann, um aus der Krisensituation mittelfristig herauszufinden und die bestehenden Herausforderungen mit Wissen und Können, Herz und Charakter (vgl. Art. 131 Abs. 1 BV) zu bewältigen.

Es muss nicht betont werden, dass es dabei weder um Mission noch um Rückfall in die Volkskirche des 19. Jahrhunderts geht. Unsere Hypothese lautet vielmehr: „Ehrfurcht vor Gott“ ist eine grundlegende Geisteshaltung gegenüber Welt und Mensch, die als Bildungs- und Erziehungsziel wichtiger denn je ist, weil sie enorme Folgen für den Einzelnen und für die Gemeinschaft wie für die Demokratie als Lebensform und Staatsform insgesamt hat.

Daher wird in dieser Abhandlung zunächst darüber nachgedacht, worin die Bedeutung der Gottesfrage heute besteht (1. Kapitel), auf welchem Denkweg man sich der Gottesfrage in ihrer pädagogischen Relevanz nähern kann (2. Kapitel), wie sich – am Beispiel Bayerns – eine Gesellschaftsordnung mit Gottesbezug versteht (3. Kapitel), was die Begriffe „Gott“ und „Ehrfurcht“ (4. und 5. Kapitel) eigentlich bedeuten, die im Alltag verwendet, aber nicht immer richtig verstanden werden, und wie sich schließlich „Ehrfurcht vor Gott“ als oberstes Bildungs- und Erziehungsziel sowie Grundlage einer modernen Werteerziehung für die Welt von morgen in der öffentlichen Schule verstehen lässt, die als gesetzlich verankerte Institution einen öffentlichen Bildungs- und Erziehungsauftrag wahrnimmt (6.–8. Kapitel).

Am Ende (Epilog) steht eine Überzeugung, die wir nicht nur aus erziehungswissenschaftlicher Einsicht, sondern aus unserer Haltung als Staatsbürger vertreten:

„Ehrfurcht vor Gott“ ist das wichtigste Bildungsziel, das in Respekt vor der Religionsfreiheit aller für alle gelten kann. Unsere Zukunft lässt sich nur in Ehrfurcht vor Gott verantwortungsbewusst und nachhaltig gestalten.

1. Gotteskrieger oder Gottlosigkeit!? Die Frage nach Gott heute

Als am 7. Oktober 2023 die Terrororganisation „Hamas“ auf friedlich feiernde Menschen in Israel ein Massaker verübte, hielt die Welt inne und es stockte uns der Atem angesichts der Gräueltaten, die in Videos und Bildern über das Fernsehen und die sozialen Medien verbreitet wurden.

In der Folge kam es zu weltweiten und so auch auf deutschen Straßen stattfindenden Demonstrationen, die einerseits mit Israelis und andererseits mit Palästinensern sympathisierten. Die daran anknüpfenden Debatten drehten sich um die deutsche Staatsraison, das Existenzrecht Israels und eine Zwei-Staaten-Lösung für Israel und Palästina. Über allem schwebte die Frage nach Krieg und Frieden. Diese politischen Themen dominierten und dominieren den Diskurs.

Was weniger beleuchtet wurde und wird, ist die Glaubensfrage. Denn ohne Zweifel hat der Konflikt im Nahen Osten auch damit zu tun, dass auf der einen Seite vorwiegend Juden leben und auf der anderen Seite Muslime. Seit Menschengedenken sind Glaube und Religion auch politisch wirksam, und ebenso lange führen sie zu Konflikten. Erinnert sei an die islamistischen Terroranschläge des 11. September 2001 in den USA und in der Folge dann immer wieder in zahlreichen westlichen Ländern. Aber ebenso sei erinnert an die Kreuzzüge des Christentums, die zwar schon mehrere hundert Jahre zurückliegen, aber dennoch unzähligen Menschen das Leben gekostet haben. Krieg im Zeichen des Glaubens war und ist keine Seltenheit.

Das Verhältnis der Menschen untereinander und auch das Verhältnis des einzelnen Menschen zu seiner Welt und sich selbst sind seit jeher geprägt von Antworten auf Glaubensfragen, die bis in die politische Struktur eines Landes wirken. So finden sich in vielen Länderverfassungen Gottesbezüge, die entweder als „nominatio" oder als „invocatio" formuliert sind. Während bei der zuerst genannten Form auf Gott namentlich Bezug genommen wird, um im Sinn einer Transzendenz dessen Allmacht zu würdigen, wird in der zuletzt genannten Variante die Staatsform auf Gott hin ausgerichtet und unter seine Macht gestellt – das Kalifat ist ein Beispiel hierfür. In vielen, nicht in allen westlichen Länderverfassungen findet sich ein Gottesbezug als „nominatio", so beispielsweise im deutschen Grundgesetz, in den Verfassungen Griechenlands und der Schweiz, nicht aber in der Verfassung der USA. Die USA ist in diesem Zusammenhang ein Sonderfall, wurde der Gottesbezug doch später an anderer Stelle aufgegriffen, am sichtbarsten auf den Dollarscheinen mit den Worten „In God we trust".

Bemerkenswert ist dieser Gottesbezug allemal, könnte man angesichts der Aufklärung vermuten, dass in deren Gefolge die Trennung von Staat und Religion besiegelt sein müsste. Das Unverständnis für diesen Konnex ist demzufolge groß, und gerade in Deutschland reißen Debatten darüber nicht ab, die sich vor allem am verpflichtenden Religionsunterricht entzünden. „Welche Aufgabe hat denn hier der Staat?", ist eine immer wieder aufflammende Frage, die zu Wortgefechten in den öffentlichen Medien führt. Diese Kontroversen werden befeuert durch vermeintliche Privilegien der Kirchen, die für viele Menschen unverständlich sind und zudem immer weniger akzeptabel werden, weil die Anhängerschaft der Kirchen schrumpft und die Zahl der Ungläubigen steigt – eine Tendenz, die seit Jahren anhält und baldigst ein positives Verhältnis zugunsten der Ungläubigen besiegelt: Über kurz oder lang wird nur noch eine Minderheit der deutschen Bevölkerung fest mit einer Kirche verbunden sein.

Sicherlich tragen fragwürdige und zweifelhafte Verhaltensweisen mancher Amtsträger in den Kirchen und die damit verbundene, wenig überzeugende Aufarbeitung und Außendarstellung dazu bei, dass nicht nur die Mitgliederzahlen sinken, sondern auch der Glaube immer weiter an Bedeutung verliert, denn religiöse Praxis braucht Gemeinschaft. Lässt sich daher nicht besser ohne Glaube leben? Wäre es nicht sinnvoller, wie im laizistischen Frankreich nun auch in Deutschland die Trennung von Staat und Kirche vollends zu vollziehen, so dass Glaube und Religion gänzlich Privatsache werden? Sollten nicht angesichts der immer wieder entstehenden globalen Glaubenskonflikte etwaige Gottesbezüge auch im deutschen Grundgesetz getilgt werden? Ist es nicht höchste Zeit, Gott aus dem politischen Diskurs zu verbannen? All diesen Fragen wird gerne das vielzitierte Diktum von Ernst-Wolfgang Böckenförde entgegengestellt:

> „Der freiheitliche, säkulare Staat lebt von Voraussetzungen, die er selbst nicht garantieren kann … Als freiheitlicher Staat kann er einerseits nur bestehen, wenn sich die Freiheit, die er seinen Bürgern gewährt, von innen her, aus der moralischen Substanz des einzelnen und der Homogenität der Gesellschaft, reguliert. Andererseits kann er diese inneren Regulierungskräfte nicht von sich aus, das heißt mit den Mitteln des Rechtszwanges und autoritativen Gebots zu garantieren versuchen, ohne seine Freiheitlichkeit aufzugeben.“[12]

So richtig dieser Satz auch ist, ein Gottesbezug lässt sich nicht zwingend ableiten, wohl aber ein umfassender Bildungs- und Erziehungsauftrag, der auf dem Gottesglauben aufruht und diesen als Ziel in den Blick nimmt.

Die vorliegende Abhandlung setzt sich das Ziel, die aufgeworfenen Fragen zu diskutieren, systematisch zu durchdenken und einen Beitrag zu einer aktuellen, aber auch immer wiederkehrenden und mehr denn je öffentlich und wissenschaftlich zu führenden

Debatte zu leisten. Anders als im öffentlichen Diskurs stehen aber nicht politische Fragestellungen im Fokus. Vielmehr ist es eine pädagogische Perspektive, die sich daraus ergibt, dass nicht nur im Grundgesetz, sondern auch in sieben von sechzehn Verfassungen der Bundesländer (Bayern, Baden-Württemberg, Niedersachsen, Nordrhein-Westfalen, Rheinland-Pfalz, Sachsen-Anhalt und Thüringen) ein Gottesbezug enthalten ist und dieser als Grundlage für Schule und Unterricht zu reflektieren und zu begründen ist.

Exemplarisch für diese Überlegungen dient die Bayerische Verfassung, die noch vor dem Grundgesetz in einer Volksabstimmung 1946 angenommen worden ist und damit älter ist als das Grundgesetz, das 1949 genehmigt wurde. Dort findet sich, wie bereits erwähnt, im Artikel 131, der den Bildungs- und Erziehungsauftrag von Schulen enthält, an erster Stelle der obersten Bildungs- und Erziehungsziele die Ehrfurcht vor Gott. Ist es also zeitgemäß, verfassungsrechtlich Bildung und Erziehung auf ein Gottesfundament zu stellen? In unseren Vorlesungen befragen wir hierzu als Einstiegsmotivierung für dieses Thema die Studierenden. Von den durchschnittlich 800 Personen, die jedes Jahr teilnehmen, hat sich in den letzten Jahren eine Tendenz verfestigt: Immer weniger können mit „Ehrfurcht vor Gott" etwas anfangen. Für immer weniger erscheint es sinnvoll, die Ehrfurcht vor Gott als Grundlage für Schule und Unterricht zu akzeptieren. Und immer mehr wenden sich von dieser Zielsetzung ab und sind stattdessen der Meinung, dass sie aus der Bayerischen Verfassung gestrichen werden solle.

Demgegenüber ist die Kernthese der vorliegenden Abhandlung klar. Sie lautet: Ehrfurcht vor Gott war und ist heute sogar das wichtigste Bildungs- und Erziehungsziel.

Die bisherigen Ausführungen machen deutlich, dass die Komplexität der Aufgabenstellung groß ist – allein zum Gottesbegriff ließen sich Bücherregale füllen und „Ehrfurcht" wirkt schillernd, aber irgendwie aus der Zeit gefallen. Wie also kann dieses Thema vernünftig angegangen werden? Zunächst kann es nicht der Anspruch sein, alle Diskussionsstränge aufzugreifen und alle Facetten zu beleuchten. Vielmehr soll eine begründete Auswahl derjenigen Aspekte erfolgen, die für eine zeitgemäße Diskussion notwendig erscheinen. Hierfür ist immer eine Methodenreflexion erforderlich, denn erst wenn klar ist, wie Erkenntnisse generiert werden, lassen sie sich nachvollziehen. Im nächsten Kapitel erfolgt daher eine unverzichtbare Offenlegung des methodischen Vorgehens.

2. Der Weg ist das Ziel: Verstehen als Methode[13]

„Ehrfurcht vor Gott? Was soll das sein?", wird der eine oder andere im Reflex fragen. „Das hört sich an, wie aus der Zeit gefallen, wie eine Aussage aus ‚Tausendundeiner Nacht'." Heute scheint Ehrfurcht vor Gott mehr eine historische Floskel als ein Bildungsziel oder gar gesellschaftspolitisches Programm zu sein. Es fällt folglich gar nicht so leicht, sich mit diesen Worten vertraut zu machen oder gar anzufreunden. Allein deshalb ist es notwendig, sich gründlich mit der Bedeutung damals und heute auseinanderzusetzen. Andernfalls läuft man Gefahr, vorschnell etwas abzulehnen oder für gut zu heißen, was im Grunde gar nicht verstanden worden ist. Aber wie funktioniert Verstehen eigentlich? Ein Ausflug in die Hermeneutik hilft, besser zu verstehen:

Seit jeher ist es Aufgabe einer Hermeneutik, Verstehensprozesse erkenntnistheoretisch zu beleuchten. Wie Menschen verstehen, ist eine Frage, die bis weit in die Menschheitsgeschichte zurückreicht. So heißt es beispielsweise bei Platon, dass die vollständige Einsicht in eine Sache fünf Schritte umfasst: 1. den Namen der Sache (der laut ausgesprochen wird), 2. die sprachlich ausgedrückte Begriffsbestimmung der Sache (bestehend aus Nenn- und Aussagewörtern, z. B. „Der Mittelpunkt eines Kreises ist der Punkt, der von jedem Punkt der Kreislinie gleich weit entfernt ist"), 3. das durch Sinne Wahrnehmbare der Sache (z. B. vom Bildhauer oder vom Tischler angefertigt), 4. das Verstehen der Bedeutung der Sache (z. B. die kognitive Vorstellung von solchen Dingen) sowie 5. die Idee der Sache, die nicht sinnlich wahrnehmbar ist, sondern nur von der Vernunft erschlossen werden kann (z. B. die ideelle Realität oder das Wesenhafte).

Rückblickend hat es seit der Antike zahlreiche Theorieansätze zur Hermeneutik gegeben, die hier nicht alle dargestellt werden können. Im Folgenden werden drei Ansätze beschrieben, die einerseits wissenschaftshistorisch zusammenhängen und andererseits eine hohe Bedeutung für den erziehungswissenschaftlichen Bereich haben. In der Zusammenschau bildet diese Tradition die Basis für das methodische Vorgehen in der vorliegenden Abhandlung. Die Rede ist von den Ansätzen von Friedrich Daniel Ernst Schleiermacher (1768–1834), Wilhelm Dilthey (1833–1911) und Hans-Georg Gadamer (1900–2002).

Verstehen bedeutet für Friedrich Daniel Ernst Schleiermacher eine grammatische und psychologische Reproduktion. Diese verlangt vom Interpreten eine umfassende Identifikation mit dem Autor und ein vollständiges Hineintauchen in dessen Zeit und Kontext, was Schleiermacher als „Divination" bezeichnet. Im günstigsten Fall kommt es zu einer Verschmelzung und zu einem eindeutigen Verstehen: Dem Interpreten gelingt es, genau das zu verstehen, was der Autor mitteilen wollte.

Bei Wilhelm Dilthey kommt es im Vergleich zu Schleiermacher zu einer Akzentverschiebung: Der Interpret hat in diesem Ansatz nicht mehr die Aufgabe, vollständig in Person, Werk und Kontext des Autors einzutauchen. Ganz unabhängig davon, ob dies prinzipiell möglich ist, hält Dilthey es für entscheidend, dass der Interpret seinen Lebenszusammenhang und seinen Erlebnishorizont in den Vorgang des Verstehens einbringt. Verstehen ist damit mehr als Reproduktion. Es erhält ein produktives Element und ermöglicht somit ein besseres Verstehen: Der Interpret hat die Möglichkeit, aus seiner zeitlichen Perspektive heraus den Autor und seinen Text vor dessen Entstehungshintergrund zu betrachten. Er hat damit mehr Informationen zur Verfügung als der Autor selbst. Wilhelm Dilthey spricht in diesem Kontext von der Kongenialität von Autor und Interpret.

Die Rolle des Interpreten wird bei Hans-Georg Gadamer weiter gestärkt, indem er dem Interpreten nicht nur einräumt, dass dieser aus seiner historischen Situation heraus mehr Informationen besitzt als der Autor selbst. Hans-Georg Gadamer geht vielmehr davon aus, dass diese historische Situation selbst für den Interpreten ein unüberwindbares Faktum darstellt und eine historische Differenz zur Folge hat, die auf das Verstehen Einfluss nimmt. Daraus entstehen Vorurteile und auch ein Vorverständnis, die einfließen, wenn sich ein Interpret an einen Text herantastet. Insofern liegt jedem Verstehen ein applikatives Moment zugrunde, das zwischen Vergangenheit und Gegenwart zu vermitteln versucht. Da jeder Interpret eine je eigene historische Situation mit sich bringt, kann Verstehen immer nur ein anderes Verstehen sein und es mündet somit in einen unendlichen Dialog. Der Interpret kann nicht über seiner eigenen Geschichte stehen, sondern braucht diese, um für sich einen Zugang zum Text zu finden.

Wie bereits erwähnt, gibt es neben den skizzierten Ansätzen noch weitere, auf deren Darstellung verzichtet wird. Denn die hermeneutische Tradition in der Folge von Hans-Georg Gadamer erscheint angemessen, weil sie mehr als alle anderen Ansätze die historische Situation des Interpreten berücksichtigt und die Möglichkeit eröffnet, das zu Verstehende auf das Hier und Jetzt zu übertragen, was vor allem im Kontext erziehungswissenschaftlicher Fragestellungen von grundlegender Bedeutung ist.

Die bisherigen Ausführungen lassen erkennen, dass der Begriff des Verstehens im Zentrum der Hermeneutik steht. Insofern bedarf auch dieser einer Betrachtung. Zu diesem Zweck erscheint die Unterscheidung zwischen Verstehen und Erklären hilfreich, wie sie von Wilhelm Dilthey in seinen bekannten Worten grundgelegt wurde: „Die Natur erklären wir, das Seelenleben verstehen wir."

Am Beispiel eines behinderten Kindes kann dieser Zusammenhang verdeutlicht werden: Eine Behinderung lässt sich häufig durch einen genetischen Defekt erklären. Was diese Behinderung aber für den einzelnen Menschen bedeutet, welche Konsequenzen sie für sein Leben hat und wie aus pädagogischer Sicht damit umzugehen ist, all diese Fragen erfordern Antworten, die auf Verstehensprozessen basieren. Insofern verfolgt Verstehen das Ziel, Bedeutung und Sinn von vielfältigen Gegebenheiten offenzulegen, und richtet sich häufig auf Menschliches, beispielsweise in Form von Texten, aber auch anderen sprachlichen und nicht-sprachlichen Ausdrucksformen und Handlungen.

Damit ist ein weiteres zentrales Problem der Hermeneutik genannt: Wie ist Verstehen überhaupt möglich? Wie kann ein Mensch den Sinn dessen, was ein anderer Mensch getan oder gesagt hat, verstehen? Wie lässt sich die Differenz zwischen Verstehendem und zu Verstehendem überwinden? Eine mögliche Antwort kann mithilfe der Unterscheidung von subjektivem und objektivem Geist in Anlehnung an Georg Wilhelm Friedrich Hegel (1770–1832) formuliert werden: Während der subjektive Geist alle möglichen menschlichen Gefühle, Gedanken, Vorstellungen und dergleichen umfasst, stellt der objektive Geist die Vergegenständlichung des subjektiven Geistes dar und hat somit einen zwischenmenschlichen Charakter. Er kann von anderen Subjekten mithilfe ihrer Wahrnehmungen, Sprache und Vernunft erkannt werden.

Mit diesen Überlegungen wird zudem deutlich, dass es sich beim Verstehen stets um einen Prozess handelt, der weder abschließbar noch linear zu sehen ist. Man spricht daher auch von einem hermeneutischen Zirkel, der vermutlich zuerst von Friedrich Ast (1778–1841) formuliert wurde. Auch hierzu ein Beispiel:

Eine Lehrkraft nimmt bei einem Schüler Disziplinprobleme wahr und muss feststellen, dass ihre Kompetenzen mit Blick auf das derzeitig vorhandene Verständnis der Situation nicht ausreichen, um diese künftig bewältigen zu können. Sie holt sich folglich bei Kolleginnen und Kollegen, aber auch in der pädagogischen Fachliteratur Rat. Dadurch erhält sie, basierend auf ihren bisherigen Erfahrungen, ein neues, erweitertes Bild von dem Schüler und ihr Vorverständnis wird in ein neues Verständnis überführt.

Der Verstehensprozess kann mehrfach wiederholt werden und ist letzten Endes unendlich. Also gilt auch in diesem Kontext das Wort des unendlichen Dialoges.

Dieses Hin und Her zwischen Vorverständnis und Verständnis, das wiederum zu einem neuen Vorverständnis wird, um sodann durch ein neues, erweitertes Verständnis ersetzt zu werden, manifestiert ein Paradoxon menschlichen Verstehens: Das, was verstanden werden soll, muss in irgendeiner Weise – egal, ob richtig oder falsch – bereits verstanden sein.

Das angesprochene Wechselspiel zwischen Vorverständnis und erweitertem Verständnis lässt sich auf mehrere Bereiche übertragen. Beispielhaft zu nennen ist das Wechselspiel zwischen Theorie und Praxis, wie es Lehrkräfte vor allem in konfliktreichen Unterrichtssituationen erleben, oder zwischen dem Ganzen und seinen Teilen, wie es beim Lesen eines Buches und auch der vorliegenden Abhandlung zutage tritt. Und weil mit jeder Kreisbewegung in der Regel ein höheres Verständnis erreicht wird, wird in der Literatur auch von einer hermeneutischen Spirale gesprochen.

Dieses hermeneutische Vorgehen ist leitend für die folgenden Ausführungen. Da in diesen mit verschiedenen Begriffen argumentiert wird, die bislang in der Debatte nicht trennscharf waren und daher immer wieder zu Missverständnissen geführt haben, ist das Vorgehen zur Klärung von Begriffen ebenfalls zu skizzieren:

Es folgt im Kern der klassischen Begriffsexplikation, wie sie bereits in der Antike grundgelegt wurde. Diese umfasst drei Schritte: Erstens wird der etymologische Ursprung eines Wortes herausgearbeitet. Daraus ergibt sich dessen ureigener Sinn, der im Laufe der Zeit und in der Entwicklung der Sprache oft verloren gegangen ist, für eine Begriffsbestimmung aber wichtige Impulse geben kann. Zweitens folgt eine Analyse des alltagssprachlichen Gebrauchs des Begriffes. Auf diesem Weg wird aufgezeigt, welche Bedeutungen der untersuchte Terminus besitzt und welche Bedeutung präzisiert werden soll. Und drittens folgt die Begriffsexplikation. In dieser werden zur definitorischen Klärung eines Wortes der nächsthöhere Gattungsbegriff (genus proximum) sowie die Merkmale, die dieses Wort von den anderen Wörtern der gleichen Gattung (differentia specifica) abgrenzen, benannt. Dadurch wird ein vages, unklares Wort (das Explikandum) durch eine neue, exakte Formulierung (das Explikat) erläutert und ersetzt.

Verstehen ist also die Methode und der Weg ist das Ziel.

Für unser Thema bedeutet dies: Um sich dem Bildungs- und Erziehungsziel „Ehrfurcht vor Gott“ erziehungswissenschaftlich nähern zu können, hilft keine empirische Untersuchung. Stattdessen kommt es darauf an, den situativen Kontext seiner Entstehung in der historischen Situation zu ermitteln und davon ausgehend einen Verstehenshorizont zu eröffnen. Daraus lässt sich ein pädagogischer Begriff definieren und entfalten, der dann weiter konkretisiert werden kann. Diese Abhandlung versteht sich somit als Anstoß für eine dringend notwendige gesellschaftliche Debatte weit über Fachkreise hinaus. Bei der Fokussierung des Themas ist zunächst der synchrone und diachrone Zusammenhang und Hintergrund des Bildungsziels „Ehrfurcht vor Gott“ zu beachten (Kontextualisierung), wovon ausgehend die Schlüsselbegriffe „Gott“ und „Ehrfurcht“ einer allgemeinen Begriffsbestimmung zugeführt werden (De-Kontextualisierung); anschließend wird „Ehrfurcht vor Gott“ als pädagogische Kategorie in einen neuen Zusammenhang gesetzt (Re-Kontextualisierung), um schließlich auf einer höheren Ebene mit den naheliegenden Zielkategorien „weltanschauliche Neutralität“ und „Religionsfreiheit“ in Beziehung gesetzt zu werden (Meta-Kontextualisierung).

Im folgenden Schaubild wird das Vorgehen in den nächsten Kapiteln veranschaulicht:

Hermeneutische Schritte	**Folgende Kapitel**	**Schritte schulpädagogischer Kontextualisierung**
Benennen	3. Bayern als Beispiel: Gesellschaftsordnung mit Gottesbezug	Kontextualisierung
Definieren	4. Gott: Wer ist das? 5. Ehrfurcht: Was ist das?	De-Kontextualisierung
Wahrnehmen und Verstehen der Bedeutung	6. Ehrfurcht vor Gott als oberstes Bildungsziel 7. Erziehung zur Ehrfurcht vor Gott 8. Unterrichtsqualität als Schlüssel für erfolgreiche Erziehung zur Ehrfurcht vor Gott 9. Braucht „Ehrfurcht vor Gott“ überhaupt Religionsunterricht?	Re-Kontextualisierung
Rationale Erschließung der Idee	10. Ehrfurcht vor Gott im Einklang mit weltanschaulicher Neutralität und Religionsfreiheit	Meta-Kontextualisierung

3. Bayern als Beispiel: Gesellschaftsordnung mit Gottesbezug

Um wirklich verstehen zum können, was „Ehrfurcht vor Gott“ als oberstes Bildungs- und Erziehungsziel bedeutet, müssen wir zunächst dessen Bedeutungskern im Kontext der Entstehungssituation der Bayerischen Verfassung offenlegen.

Vor allem bayerische Politiker kokettieren immer gerne damit, dass die Welt in Bayern noch in Ordnung und Bayern sowieso etwas Besonderes sei – die Vorstufe zum Paradies oder gar der Himmel auf Erden, wie manche nicht müde werden, zu betonen. Blickt man auf die Verfassung, dann trifft durchaus eine Sonderstellung zu:

Die Bayerische Verfassung war die erste Länderverfassung, die nach dem Zweiten Weltkrieg in Kraft trat. Sie ist damit auch älter als das Grundgesetz. Derweil ist ihre eigentliche Geburtsstunde so einfach gar nicht zu datieren, sind es doch vier Termine, die infrage kommen: erstens die Annahme des Verfassungstextes in einer Volksabstimmung am 1. Dezember 1946 mit einer Mehrheit von über 70 Prozent. Zweitens die Ausfertigung des beschlossenen Verfassungstextes am 2. Dezember 1946 durch den damaligen Ministerpräsidenten Wilhelm Högner (SPD). Drittens die Bekanntmachung am 8. Dezember 1946 im Bayerischen Gesetz- und Verordnungsblatt. Und viertens die Feststellung der Rechtsgültigkeit der Volksabstimmung und die Annahme der Bayerischen Verfassung durch den Landeswahlausschuss am 12. Dezember 1946. Aus demokratischer Sicht ist der Tag der Volksabstimmung sicherlich bedeutsam, eingebürgert hat sich dennoch der Tag der Veröffentlichung im Bayerischen Gesetz- und Verordnungsblatt als Geburtsstunde der Bayerischen Verfassung.

Die Genese des Grundgesetzes ist ganz anders: Von September 1948 bis zum Juni 1949 erarbeitete der Parlamentarische Rat im Auftrag der drei westlichen Besatzungsmächte einen Text, der daraufhin genehmigt und von allen deutschen Landtagen der westlichen Zonen angenommen wurde – mit einer einzigen Ausnahme: Bayern. In den Morgenstunden des 20. Mai 1949 kam es nach mehr als vierzehn Stunden Beratung im Bayerischen Landtag zur Abstimmung. Von den 174 Abgeordneten stimmten 64 mit „Ja", 101 mit „Nein" und 9 enthielten sich. Die Bayerische Staatsregierung hatte damals dem Landtag empfohlen, das Grundgesetz abzulehnen, weil große Teile der regierenden CSU das Grundgesetz in seiner vorliegenden Fassung als Angriff auf die Eigenständigkeit Bayerns sahen. Trotz dieser Ablehnung gilt aber auch in Bayern das Grundgesetz, weil der damalige Ministerpräsident Hans Ehard einen Antrag vorbereitet hatte und einbrachte, wonach sich Bayern im Fall einer Zweidrittelmehrheit der Annahme des Grundgesetzes durch die anderen westlichen Bundesländer zu Deutschland bekennt. Dieser Antrag, der laut Hans Ehard durchaus einem alliierten Zwang hinsichtlich der Gründung der Bundesrepublik entsprungen ist, wurde angenommen und da die Zweidrittelmehrheit bereits bestand, blieb die Ablehnung des Grundgesetzes selbst ohne Konsequenzen.

Eine Volksabstimmung gab es also nicht und das Ziel des Grundgesetzes war entsprechend definiert: Es sollte eine Übergangsverfassung sein, bis zu dem Tag, an dem Deutschland wieder in Einheit und Freiheit besteht. So hieß es im Artikel 146 von 1949:

> „Dieses Grundgesetz verliert seine Gültigkeit an dem Tage, an dem eine Verfassung in Kraft tritt, die von dem deutschen Volke in freier Entscheidung beschlossen worden ist."[14]

Die Wiedervereinigung wurde am 23. August 1990 mit der Beitrittserklärung der DDR zur Bundesrepublik Deutschland vollzogen. Die Frage einer neuen Verfassung blieb lange Zeit unklar und wird bis heute kontrovers diskutiert. Denn eine neue Verfassung, die vom Volk angenommen worden ist, gibt es nicht. Stattdessen wurde das Grundgesetz verändert und fungiert seitdem als Verfassung. Eine wesentliche Veränderung findet sich im angesprochenen Artikel 146, der nun lautet:

> „Dieses Grundgesetz, das nach Vollendung der Einheit und Freiheit Deutschlands für das gesamte deutsche Volk gilt, verliert seine Gültigkeit an dem Tage, an dem eine Verfassung in Kraft tritt, die von dem deutschen Volke in freier Entscheidung beschlossen worden ist.“[15]

Die Bayerische Verfassung kann auf eine fast 80-jährige Geschichte blicken.

In der Planungssprache von Organisationen bezeichnet die „Stunde Null“ jene entscheidende Uhrzeit, in der eine neuartige Ereigniskette ihren Ausgang nimmt. Der Begriff wurde für die deutsche Nachkriegszeit zunächst mit Bezug auf die Literaturgeschichte gebraucht. Weithin ist damit gemeint, dass die bedingungslose Kapitulation der Wehrmacht und die untrennbar damit verknüpfte Zerschlagung des NS-Terror-Staates sowie die Zerstörung von Landschaften, Städten, Infrastruktur und Unternehmen einen einschneidenden, radikalen und vollständigen Umbruch Deutschlands mit sich gebracht hat, so dass die Kontinuität zwischen der Bundesrepublik Deutschland und ihren historischen Vorgängerstaaten durchbrochen wurde. Aufgrund des Autonomieverlustes des deutschen Volkes unter der Militärbesatzung ab 1945 ist auch die vormalige deutsche Gesellschaft mit ihren Werten zerstört worden und es herrschte nach dem „Zivilisationsbruch von Faschismus und Holocaust“[16] ein umfassendes Vakuum, das gesellschaftlich, kulturell, politisch und wirtschaftlich neu gefüllt werden musste.

Auch wenn dieser These oft widersprochen wurde, da es im Rückblick nur ein relativer Neubeginn war, wenn man etwa an den kontinuierlichen Einfluss von Mitgliedern der NS-Funktionseliten in verschiedenen Institutionen der Bundesrepublik Deutschland in der Nachkriegszeit sowie an geistige Kontinuitäten mit antisemitischem, nationalistischem und rassistischem Gedankengut vor 1945 denkt, ist doch die beispiellose Situation nach der bedingungslosen Kapitulation am 8. Mai 1945 nicht zu leugnen. Ab dieser Stunde Null begann ein mühsamer und langdauernder Prozess der Transformation von einer nationalsozialistisch geprägten hin zu einer demokratischen Gesellschaft, auch wenn sie bis heute und vielleicht wieder mehr denn je seit 1945 in ihren Grundfesten gefährdet ist.

Die entschiedene Gegnerschaft zu den Gräueltaten des nationalsozialistischen Regimes mit all ihren menschenverachtenden Folgen ist der Anker für die Bayerische Verfassung und sie führt dazu, dass noch vor dem ersten Artikel ein Wertekosmos eröffnet wird, an dessen Beginn Gott, gefolgt von der Würde des Menschen und der Demokratie stehen. Letztere sind die Schwerpunkte, die sich wie ein roter Faden durch die Bayerische Verfassung ziehen und ihr auch das Attribut der Bürgerverfassung zuweisen. An einigen Stellen lässt sich das Gesagte verdeutlichen:

So enthält die Bayerische Verfassung die Möglichkeit, mittels Volksbegehren und Volksentscheid Gesetze auf den Weg zu bringen (Artikel 74 und 75 BV), und die Notwendigkeit, eine bereits vom Bayerischen Landtag in einer Zweidrittelmehrheit beschlossene Verfassungsänderung durch einen Volksentscheid zu bestätigen. Selbst die Auflösung des Parlamentes durch einen Volksentscheid sieht die Bayerische Verfassung vor (Artikel 18 BV) – eine Möglichkeit, die dem Volk gegeben ist, nicht aber dem Bayerischen Landtag selbst, da in der Bayerischen Verfassung weder eine Vertrauensfrage noch ein Misstrauensvotum vorgesehen sind. Der Artikel 98 BV enthält des Weiteren eine Besonderheit, die im deutschen Rechtssystem einmalig ist: die Popularklage. Jede Bürgerin und jeder Bürger hat die Möglichkeit, einen Rechtssatz eines jeden Landesgesetzes, einer jeden landesrechtlichen Verordnung oder einer jeden landesrechtlichen Satzung hinsichtlich einer Vereinbarkeit mit den Grundrechten der Bayerischen Verfassung überprüfen zu lassen; dabei spielt es keine Rolle, ob die Klägerin oder der Kläger davon selbst betroffen ist. Und schließlich belegt der sogenannte „Schwammerlparagraph" die Bezeichnung der Bayerischen Verfassung als Bürgerverfassung eindringlich – denn in Artikel 141 BV ist ein besonderes bayerisches Grundrecht formuliert: Jedermann ist der Genuss der Naturschönheiten und die Erholung in freier Natur, insbesondere das Betreten von Wald- und Bergweide, das Befahren der Gewässer und die Aneignung wildwachsender Waldfrüchte in ortsüblichem Umfang gestattet.

Wie zeitlos die Bayerische Verfassung wirkt, zeigen die wenigen Änderungen, die in über 70 Jahren vorgenommen wurden. Im Schnitt kam es alle fünf Jahre zu einer Anpassung, darunter beispielsweise die Senkung des Wahlalters von 21 auf 18 Jahre und die Abschaffung des Senates. Rückblickend erscheinen manche Änderungen notwendig, manche sind bis heute umstritten. Angesichts der aktuellen klimapolitischen Entwicklungen markiert das Jahr 1984 einen Meilenstein: Der Umweltschutz wurde zum Staatsziel in der Bayerischen Verfassung erhoben und damit zum ersten Mal in einer deutschen Länderverfassung überhaupt. Konkret wurden in Artikel 3 BV der Schutz der „natürlichen Lebensgrundlagen" und in Artikel 131 BV das Ziel „Verantwortungsbewusstsein für Natur und Umwelt" eingefügt.

Die Bayerische Verfassung formuliert von Anfang an und immer wieder aufs Neue einen Wertekosmos und stellt diesen gleichzeitig zur Diskussion. Sie ist sowohl Grundsatzprogramm aus der Vergangenheit als auch Masterplan für die Zukunft. Der eben genannte Artikel 131 BV nimmt eine Sonderstellung ein. Denn in keinem anderen Artikel werden so viele Werte auf- und zusammengeführt wie in diesem. Gleichzeitig bildet er das Fundament für das Bildungssystem und damit für die nachwachsenden Generationen.

Artikel 131 BV hat in der heute geltenden Fassung folgenden Wortlaut, der nun vollständig zitiert wird:

„(1) Die Schulen sollen nicht nur Wissen und Können vermitteln, sondern auch Herz und Charakter bilden.
(2) Oberste bayerische Bildungsziele sind Ehrfurcht vor Gott, Achtung vor religiöser Überzeugung und vor der Würde des Menschen, Selbstbeherrschung, Verantwortungsgefühl und Verantwortungsfreudigkeit, Hilfsbereitschaft und Aufgeschlossenheit für alles Wahre, Gute und Schöne und Verantwortungsbewusstsein für Natur und Umwelt.
(3) Die Schüler sind im Geiste der Demokratie, in der Liebe zur bayerischen Heimat und zum deutschen Volk und im Sinne der Völkerversöhnung zu erziehen.
(4) Die Mädchen und Buben sind außerdem in der Säuglingspflege, Kindererziehung und Hauswirtschaft besonders zu unterweisen.“

Um das Werte- und Normengefüge verstehen zu können, das den in Artikel 131 Abs. 2 BV formulierten Bildungs- und Erziehungszielen zugrunde liegt, muss zunächst noch einmal die Präambel betrachtet werden, die über die Motive und Ziele der Mütter und Väter der Verfassung in der zeitgeschichtlichen Lage ihrer Entstehung informiert und den Sinnzusammenhang der einzelnen Artikel verdeutlicht. Dieser ist im hermeneutischen Sinn Grundlage für das Verständnis eines Textes. Ursprünglich gehörte die Präambel nicht zum Verfassungstext, sondern kam durch die Initiative von Alois Hundhammer (CSU) hinzu. Sie sei hier der fundamentalen Bedeutung halber nochmals zitiert:

> „Angesichts des Trümmerfeldes, zu dem eine Staats- und Gesellschaftsordnung ohne Gott, ohne Gewissen und ohne Achtung vor der Würde des Menschen die Überlebenden des zweiten

> Weltkrieges geführt hat, in dem festen Entschlusse, den kommenden deutschen Geschlechtern die Segnungen des Friedens, der Menschlichkeit und des Rechtes dauernd zu sichern, gibt sich das Bayerische Volk, eingedenk seiner mehr als tausendjährigen Geschichte, nachstehende demokratische Verfassung."[17]

Die Urheber der Verfassung waren sich bewusst, dass Bayern im Gefolge der gott- und gewissenlosen wie die Menschenwürde missachtenden „Staats- und Gesellschaftsordnung" der nationalsozialistischen Diktatur in vielfacher Hinsicht und in weiten Teilen zerstört war; dieser nüchterne Blick auf die erschütternde und fassungs- sowie sprachlos machende Wirklichkeit ist verbunden mit der klaren Zielsetzung und festen Überzeugung, die Voraussetzungen für eine friedliche, menschliche und rechtsstaatlich fundierte Zukunft Bayerns zu sichern, indem sich das bayerische Volk im Bewusstsein der über tausendjährigen Geschichte des Landes eine demokratische konstitutive Staatsordnung gibt, was auch durch Volksentscheid am 8. Dezember 1946 geschah. Als geistige Wurzeln der die Verfassung tragenden und prägenden Werte sind vor allem Judentum, Humanismus, Christentum und Aufklärung gemeint.

Aufgrund der Stabilität und des daraus resultierenden geringen Reformbedarfs der Bayerischen Verfassung in den letzten 70 Jahren zeigt sich der Artikel 131 BV im Wesentlichen unverändert. Seine zwei Weiterentwicklungen sind dennoch beachtenswert: Die erste erfolgte 1984 und verankerte, wie angeführt, den Umweltschutz in der Verfassung. Die zweite Weiterentwicklung wurde im Jahr 1998 umgesetzt, als ein Verfassungsreformgesetz verabschiedet wurde. Dieses hatte das Ziel, im Bereich der Grundrechte und Staatsziele notwendige Anpassungen in der Bayerischen Verfassung vorzunehmen. Die Folge für den Artikel 131 BV war: In Absatz 4 heißt es seitdem, dass auch die Buben in der Säuglingspflege, Kindererziehung und Hauswirtschaft besonders zu unterweisen sind. Zuvor waren nur die Mädchen angesprochen worden – ein dringend notwendiger Schritt in Richtung Gleichberechtigung der Geschlechter.

Aufgrund der föderalen Struktur der Bundesrepublik Deutschland ist an dieser Stelle der Hinweis angebracht, dass der Artikel 131 BV sich unter das Grundgesetz fügt. Dort wird unter Artikel 7 GG das Schulwesen unter staatliche Aufsicht gestellt, gleichzeitig aber auch in Artikel 6 GG festgelegt, dass die Pflege und Erziehung der Kinder die zuvorderst den Eltern obliegende Pflicht ist. Dass die primäre Zuständigkeit bezüglich Gesetzgebung und Verwaltung auf dem Gebiet der Kultur – und damit das Bildungswesen – zur Ländersache wird und daraus die Kulturhoheit folgt, resultiert aus Artikel 30 GG und weiter aus Artikel 74 GG.

Somit ist der Artikel 131 BV die Grundlage für das Bildungssystem in Bayern. Im Bayerischen Gesetz über das Erziehungs- und Unterrichtswesen (BayEUG) wird aus ihm der Bildungs- und Erziehungsauftrag abgeleitet und weiter konkretisiert. Schließlich erfolgt in den einschlägigen Lehrplänen für die verschiedenen Schularten eine weitere Ausdifferenzierung. Wie wichtig Artikel 131 BV dabei ist, belegt die Tatsache, dass er bis heute allen Lehrplänen in Bayern vorangestellt ist und erst im Anschluss die Fachlehrpläne abgedruckt sind.

4. Gott: Wer ist das?

In unseren Vorlesungen, in denen die einzelnen obersten Bildungsziele der Bayerischen Verfassung zur Abstimmung gestellt und danach diskutiert werden, ist immer wieder bei der „Ehrfurcht vor Gott“ festzustellen, dass diese mit Glaube, Religion, Religiosität, Kirche und Theologie in Verbindung gebracht und nicht selten vermischt wird. Daher ist es unerlässlich für unsere Zwecke, diesen Begriffshimmel zu beleuchten und Abgrenzungen vorzunehmen. Selbsterklärend könnte zu jedem der genannten Begriffe ein eigenes Kapitel, ja sogar ein Buch verfasst werden, wenn theoretische Überlegungen das Leitmotiv wären. Für unser schulpädagogisches Interesse reicht aber ein unterscheidender Überblick.

Zunächst zum Gottesbegriff. Das Wort „Gott“ stammt vom altgermanischen „gudan“ ab, was „anbeten“ oder „opfern“ bedeutet. Damals wie heute wird es verwendet, um ein übernatürliches Wesen zu bezeichnen, das als Schöpfer der Welt und des Universums angesehen werden kann. Ob es Gott in diesem Sinne gibt, lässt sich bis heute mit wissenschaftlichen Erkenntnissen und Methoden nicht beweisen – und wenn man Gott als das sieht, was er darstellen soll, dann wird es dem Menschen in seiner Begrenztheit vermutlich auch nie gelingen. Das hält viele Menschen aber nicht davon ab, für sich im Leben genügend Beweise zu sehen, dass es Gott gibt. Eine der bekanntesten Argumentationen, die die Zweckmäßigkeit des Gottesglaubens begründen, stammt von dem Mathematiker, Physiker und Philosophen Blaise Pascal (1623–1662) und wird als „Pascals Wette“ bezeichnet:

Menschen können entweder glauben, dass Gott existiert, oder nicht glauben, dass Gott existiert. Mögliche Konsequenzen sind: a) Wenn man an Gott glaubt und Gott tatsächlich existiert, dann erhält man eine unermessliche Belohnung (z. B. das ewige Leben); b) Wenn man an Gott glaubt und Gott existiert nicht, dann hat man unter Umständen Vorteile im Leben, die sich aus einer moralischeren Lebensführung ergeben; der Aufwand dafür hält sich in Grenzen; c) Wenn man nicht an Gott glaubt und Gott existiert, dann erleidet man möglicherweise eine verheerende Bestrafung (z. B. das Fegefeuer); d) Wenn man nicht an Gott glaubt und Gott existiert nicht, dann hat man unter Umständen Vorteile im Leben; auch hier hält sich der Aufwand in Grenzen. In einer Aufwand-Nutzen-Abwägung kommt Pascal zu dem Schluss, dass es vernünftiger ist, an Gott zu glauben, selbst wenn die Existenz Gottes nicht eindeutig bewiesen werden kann. Die Vorteile des Glaubens an Gott überwiegen die Nachteile des Nicht-Glaubens an Gott.

Pascals Wette wird als pragmatischer Ansatz betrachtet, der allerdings die Möglichkeiten anderer Begründungen religiöser Überzeugungen und moralischer Lebensweisen nicht berücksichtigt. Auch verkennt Pascal, dass ein aufrichtiger Glaube nicht derart erzwungen werden kann und die Entscheidung für oder gegen den Glauben komplexer ist als ein vernünftiges Abwägen von Vorteilen und Nachteilen. Hinzu kommt, dass der Begriff „Glaube“ hier unscharf verwendet wird: „Glauben an“ im Sinn einer religiösen Haltung und „glauben, dass“ mit der Bedeutung „für wahr halten“ müssen in der Argumentation getrennt werden.

Damit sind wir beim Glauben: Glaube ist, aus dem Althochdeutschen stammend und in der Bedeutung von „vertrauen“ bzw. „festhalten an“ verwendet, in erster Linie eine Haltung der Zuversicht und Hoffnung hinsichtlich eines Sachverhaltes, die nicht notwendigerweise auf Beweisen beruht. Gegenstand dieses Sachverhaltes kann ein Gott sein, aber auch eine Sache, eine Theorie und ein Mensch. Damit ist der Glaube immer etwas Subjektives, zeigt er sich beispielsweise selbst bei Menschen, die an ein- und denselben Sachverhalt glauben, oft ganz unterschiedlich.

Das Verb „glauben" erscheint je nach Kontext und grammatikalischen Ergänzungen in verschiedenen Bedeutungen:

- „Etwas glauben/glauben, dass": In Kombination mit einem Akkusativobjekt meint das Verb „glauben" so viel wie „annehmen, vermuten, nicht sicher wissen". Der Sprecher meint, dass er sich bezüglich eines Sachverhalts nicht sicher ist. Dieses Verständnis ist im Alltagsgebrauch geläufig und kann mit einer Abwertung des religiösen Glaubens verknüpft werden („glauben heißt eben nicht wissen"), trifft jedoch nicht den Kern dessen, was „glauben" im religiösen Sinn meint.
- „Jemandem glauben": Mit dem Dativobjekt wird die Person bezeichnet, der der Sprecher bezüglich einer bestimmten Aussage mit Wahrheitsanspruch vertraut. Auch diese Verwendung ist nicht typisch für den religiösen Sprachgebrauch.
- „An jemanden glauben": Dieser Ausdruck beschreibt, dass jemand in eine andere Person ihr existenzielles Vertrauen setzt. Auch die auf Vertrauen basierende Beziehung zu einem göttlichen Wesen wird exklusiv mit „glauben an" ausgedrückt. Dies ist die religiöse Bedeutung des Verbs „glauben".

Der Kirchenlehrer Augustinus (De trinitate 13,2,5) unterscheidet zwischen diesem Glauben als Haltung gegenüber einem transzendenten Gott (fides qua creditur = Glaube, mit dem geglaubt wird) vom Glauben als Bekenntnisinhalt (fides quae creditur = Glaube, der geglaubt wird). Glaubensinhalte sind typisch für (institutionalisierte) Religionen und treten im Christentum in Form von biblischen Bekenntnisformeln und -texten, als Glaubensbekenntnisse (z. B. Apostolisches Glaubensbekenntnis), als Dogmen (Äußerungen des kirchlichen Lehramts) oder als Gegenstand theologischer Diskurse in Erscheinung.

Glauben ist weder bloß ein irrationaler, intuitiver Vorgang, noch eine rein rationale Entscheidung. Vielmehr handelt es sich um einen umfassenden Prozess, der den Menschen in allen seinen Dimensionen betrifft: Im Glauben interpretiert der Mensch die Welt und seine eigene Existenz.

Um von Glauben sprechen zu können, müssen folgende Bedingungen gegeben sein:

- Wichtigste Voraussetzung des Glaubens ist, dass der Mensch in seiner Entscheidung frei ist: Er muss sich im Einklang mit seinem Gewissen für den Glauben entscheiden können. Daher gehören Glaubens- und Gewissensfreiheit (vgl. Art. 4 Abs. 1 GG) zusammen. Die Religionsfreiheit (vgl. auch Art. 4 Abs. 2 GG) ist die Konsequenz dieser Grundrechte. Glaube und Zwang schließen sich aus. Dazu gehört aber auch, dass sich Glaube erst in Freiheit bilden und entwickeln kann. In einer offenen und pluralisierten Gesellschaft kommt es deshalb darauf an, den Glauben nicht nur zu tolerieren, sondern die Bedingungen dafür zu schaffen, dass Menschen mit der Welt des Glaubens in Berührung kommen und sich erst dadurch frei dafür oder dagegen entscheiden können. In einem Staat, der seine religiösen Traditionen nicht pflegt oder den Atheismus zur Norm erhebt (z. B. bei strikter Trennung von Glaube und Kirche in laizistischen oder diktatorischen Staaten), kann sich Religiosität als menschliche Wesenseigenschaft nicht entwickeln, sondern wird in die Privatsphäre des Einzelnen abgedrängt und letztlich marginalisiert und tabuisiert.
- Glauben bedeutet Vertrauen, ohne objektiv sicher sein zu können. Dies schließt aber nicht aus, dass der gläubige Mensch sich so gut wie möglich informiert und versucht, sein Vertrauen zu begründen und damit zu untermauern. Zu umfassender Bildung gehören deshalb auch Glaube und Religion, und zwar nicht nur als scheinbar neutrale Information, sondern als pädagogische Unterstützung bei der Entwicklung einer fundierten religiösen Grundhaltung.
- Im religiösen Glauben wirken wie auf keinem anderen menschlichen Handlungsfeld Gefühl, Vernunft und Wille existenziell zusammen. Ein irrationaler Glaube ist in sich un-

vollständig bzw. widersprüchlich – denn dann wäre die Ratio als ein wichtiger Teil des Menschen außen vor. Vertrauen entsteht erst dann, wenn der Mensch vernünftige Gründe für sein Vertrauen findet. Glaube ist ein existenzielles Geschehen, das den Menschen in allen Dimensionen betrifft: Er muss fühlen (Gefühl) und denken (Vernunft), dass Gott existiert, und sich bewusst für den Glauben entscheiden (Wille).

- Glaube bezieht sich auf das Transzendente, also auf das, was die empirische Wirklichkeitswahrnehmung übersteigt. Damit sprengt er auch die Grenzen des rational Fassbaren. Um sich das Transzendente sinnlich vorstellen und darüber mit anderen Menschen kommunizieren zu können, ist der Mensch auf Analogien, Bilder, Metaphern und Symbole ebenso angewiesen wie auf Rituale und Zeichenhandlungen. Dabei greift Glaube zwar immer auf kollektive kulturelle Schöpfungen zurück, bleibt aber immer auch etwas Subjektives, zeigt er sich beispielsweise selbst bei Menschen, die an ein- und denselben Sachverhalt glauben, unterschiedlich. Glaube ist immer mit Vorläufigkeit und Mehrdeutigkeit verbunden.

Nun ist ein möglicher Ort für Glauben die Religion. Das Wort „Religion" lässt sich auf das lateinische Wort „religio" zurückführen. Dieses kann als „Verehrung" oder „Gottesdienst" übersetzt werden. Im heutigen Verständnis bezeichnet eine Religion ein System von Glaubenstheorien und Glaubenspraktiken. In theistischen Religionen schließt dieses System eine übernatürliche Macht oder Mächte ein und richtet sich an einen Gott oder an Gottheiten. Christentum, Judentum und Islam sind Beispiele für theistische Religionen. Bei nichttheistischen Religionen fehlt die göttliche Bezugsgröße zwar, aber nicht in dem Sinn, dass es gar keine Bezugsgröße gibt. Vielmehr gibt es andere Aspekte, die das System von Glaubenstheorien und Glaubenspraktiken umfasst. Im Buddhismus beispielsweise bilden die „Vier Edlen Wahrheiten" und der „Edle Achtfache Pfad" grundlegende Konzepte, die vom historischen Buddha, Siddhartha Gautama, während seiner Erleuchtung verkündet wurden. Auch wenn aus theologischer Sicht fundamentale Unterschiede zwischen den Religionen auf der ganzen Welt bestehen, vertritt Ken Wilber[18] in seiner integralen Zusammenschau die Auffassung, dass sich alle in einem Punkt einig sind: Es gibt ein System von Glaubenstheorien (Transzendenz, Sinnverwiesenheit, höhere Ethik usw.) und Glaubenspraktiken (Gebete, Meditation, Rituale usw.), die vom glaubenden Menschen anerkannt werden. Man spricht dann auch von Religiosität. Darunter lässt sich jenes existenzielle Bestreben des Menschen verstehen, nach Sinn zu suchen und Fragen zur Wirklichkeitsdeutung zu beantworten, die diesseitige und vorläufige Ansätze überschreiten und damit auf das Absolute und Transzendente (z. B. das Ewige, Göttliche, Heilige, Überweltliche) zielen. Der Sinnsuche des Menschen entsprechen als institutionelle Antworten konkrete Religionen bzw. religiösen Ersatzformen (Religionsäquivalente wie zum Beispiel Karriere, Schönheit oder Reichtum).

Der Theologe Paul Tillich hat den Zusammenhang von Religiosität und Religion in folgenden Worten beschrieben:

> „Religiös sein bedeutet, leidenschaftlich nach dem Sinn unseres Lebens zu fragen […]. Eine solche Auffassung macht die Religion zu etwas universal Menschlichem […]. Viele Menschen sind von etwas ergriffen, was sie unbedingt angeht; aber sie fühlen sich jeder konkreten Religion fern, gerade weil sie die Frage nach dem Sinn des Lebens ernst nehmen. Sie glauben, dass ihr tiefstes Anliegen in den vorhandenen Religionen nicht zum Ausdruck gebracht wird, und so lehnen sie die Religion ab ‚aus Religion'. Diese Erfahrung lehrt uns zu unterscheiden zwischen Religion als Leben in der Dimension der Tiefe und den konkreten Religionen, in deren Symbolen und Einrichtungen das religiöse Anliegen des Menschen Gestalt gewonnen hat. Wenn wir die Situation des heutigen Menschen verstehen wollen, müssen wir von dem Wesensbegriff der Religion ausgehen und nicht von einer spezifischen Religion, auch nicht dem Christentum."[19]

Religiosität und Religion sind Objekte der *Religionswissenschaften*. Der Glaube (z. B. in einer bestimmten christlich-konfessionellen Gestalt) ist Gegenstand der *Theologie*, die zu den ältesten universitären Disziplinen zählt und sich bis heute auch in pluralistischen und säkularisierten Gesellschaften weltweit an Hochschulen gehalten hat, aber zunehmend unter Legitimationsdruck gerät: Das Wort „Theologie" stammt aus dem Altgriechischen, wobei „theos" mit „Gott" und „logos" mit „Wort" übersetzt werden kann. Im heutigen Verständnis bezeichnet „Theologie" eine wissenschaftliche Disziplin, die sich mit Glaubenstheorien und Glaubenspraktiken wissenschaftlich auseinandersetzt, dafür spezifische Methoden vorhält und der kirchlich kodifizierten Wahrheit verpflichtet ist, was immer wieder zu Anfragen und Spannungen führt. Theologie als wissenschaftliche Disziplin setzt sich mit der Auslegung und Interpretation religiöser Texte und Phänomene, Glaubenstheorien und Glaubenspraktiken auseinander. So werden Dogmen und Lehren innerhalb einer religiösen Tradition und deren Auseinandersetzungen mit zeitgenössischen Fragen und Entwicklungen ebenso untersucht wie die Rolle und Funktion von Religion in sozialen, kulturellen und politischen Kontexten. Auch der Dialog zwischen verschiedenen Glaubensrichtungen und Religionen fällt in das Interessengebiet theologischer Studien, mit dem Ziel, einen interreligiösen Dialog zu fördern. Die Theologie gliedert sich in historische, biblische, systematische und praktische Fächer, in denen heute hochspezialisiert geforscht und gelehrt wird.

Ein theologisches Studium ist für kirchliche Berufe (z .B. Priester und Pastoralreferent) die Voraussetzung, um eine Glaubensgemeinde anleiten und begleiten zu können.

Das Wort „Kirche" schließlich stammt vom altgriechischen „kuriakon" ab und meint „dem Herrn gehörig". Im Sprachgebrauch ist damit heute einerseits ein Bauwerk angesprochen, das zu Glaubenspraktiken besucht wird, wie eine Kirche, ein Kloster oder ein

Tempel. Andererseits steht „Kirche“ heute auch für die Organisation einer Religion, die dann in besonderer Weise Glaubenstheorie und Glaubenspraxis regelt und auch kontrolliert. In der katholischen Kirche, um ein Beispiel zu geben, kommt dem Papst als obersten Hirten eine besondere Rolle zu, und der Vatikan ist mit seiner differenzierten und verzweigten Verwaltungsstruktur das institutionelle und geistige Zentrum des Katholizismus in der Welt, zu dem sich etwa 1,4 Milliarden Menschen bekennen.

Die Bedeutung von Gott, Glaube, Religion, Religiosität und Kirche im explizierten Sinn wird wissenschaftlich vielfach beleuchtet. Auch wenn diese Unterfangen aufgrund der ungeklärten Frage nach der Existenz Gottes und damit der Unbeweisbarkeit der Glaubenstheorien schwierig ist, lassen Glaubenspraktiken empirische Untersuchungen zu. Mit anderen Worten: Mag die Existenz Gottes auch nicht beweisbar sein, Glaube ist real. Seine Wirkung auf den Menschen und auf die Gesellschaft lässt sich sichtbar machen, wie ein von der Theologie abgrenzender Blick auf andere Wissenschaften zeigt:

Die *Anthropologie* geht der Frage nach, wer der Mensch ist, und nimmt an, dass er das Bedürfnis nach Transzendenz hat, weil er Fragen nach einem Sinn in seinem Leben stellt. Diese Eigenschaft wird dem Menschen als besonderes Wesensmerkmal zugesprochen, weil kein anderes Lebewesen in einer ähnlichen Art und Weise Glaubenspraktiken entwickelt hat wie der Mensch. Bereits in den ältesten menschlichen Siedlungen lassen sich Glaubensstätten finden.

In der *Ethnologie* wird untersucht, warum Menschen dazu neigen, an etwas Übernatürliches, einschließlich Gott bzw. Gottheiten, oder etwas Absolutes, wie bestimmte ethische Normen oder Ideen, zu glauben. Dabei wird die Position vertreten, dass der Glaube in der Evolution von Vorteil war, um soziale Kooperation und Gruppenzusammenhalt zu fördern. Die bereits angesprochenen

Glaubensstätten in den ältesten menschlichen Siedlungen waren demzufolge nicht am Rand der Bebauungen, sondern immer im Zentrum.

Wo Glaube im Gehirn stattfindet, ist eine der Fragen der *Neuropsychologie*. Und in der Tat lässt sich aufzeigen, welche Areale aktiviert werden, wenn Menschen glauben, beten, meditieren. So wurden beispielsweise Aktivität in den sogenannten Belohnungszentren festgestellt (z. B. Nucleus accumbens und ventrales Striatum). Obschon also bestimmte Bereiche des Hirns bei Glaubenspraktiken aktiviert werden, lässt sich nicht folgern, dass diese Areale ausschließlich für den Glauben verantwortlich sind, weil sie auch bei anderen Tätigkeiten des Menschen aktiviert werden.

Soziologische Forschungen setzen sich mit dem Einfluss auseinander, den Glaube und Religion auf individuelle Verhaltensweisen und soziale Strukturen haben. Insofern befassen sie sich nicht mit der Existenz Gottes, sondern versuchen vielmehr, die Rolle von Glaubenstheorien und Glaubenspraktiken, Religionen und Kirchen in der Gesellschaft zu verstehen. Ihr Beitrag zu gesellschaftlicher Stabilität, Zusammenhalt, Gemeinschaftssinn und Identitätsstiftung werden dabei ebenso genannt wie Tendenzen zu Starrheit, Spaltung, Konflikten und Diskriminierung.

Psychologische Arbeiten analysieren die kognitiven, motivationalen und emotionalen Voraussetzungen und Folgen von Glaubenspraktiken. Forschungen zeigen beispielsweise, dass Glaubenspraktiken mit gedanklicher Flexibilität einhergehen, zu einer verbesserten Stressbewältigung und einer Reduzierung von Angstsymptomen führen sowie ein hohes Maß an Zufriedenheit, Glücksgefühlen und emotionaler Stabilität erwirken.

Zusätzlich zu den genannten Aspekten diskutieren *Philosophen* eine Vielzahl von Fragen im Kontext von Gott und Glauben. Die Frage nach der Beweisbarkeit Gottes bleibt ein zentrales Thema, das Theisten und Atheisten gleichermaßen beschäftigt. So existieren verschiedene ontologische, teleologische und kosmologische Argumente, um die Existenz oder Nichtexistenz Gottes zu begründen. Eine weitere philosophische Fragestellung ist das Theodizee-Problem: Wie lässt sich das ganze Leid und Übel in der Welt mit der Vorstellung eines allmächtigen und gütigen Gottes vereinbaren? Eine Lösung für dieses Paradoxon führt zwangsläufig zur Hinterfragung der Existenz und des Zusammenspieles von Gott und Welt.

Die skizzierten Fragen aus verschiedenen Wissenschaftsbereichen sind Teil eines umfassenden Diskurses, der die Beziehung zwischen Mensch, Glauben und Gott in den Fokus der interdisziplinären Reflexion stellt.

Was folgt aus den angestellten Überlegungen für die Ehrfurcht vor Gott als wichtigstes Bildungsziel einer modernen Gesellschaft? Mit anderen Worten: Wer ist Gott?

Es liegt auf der Hand, dass die Gründermütter und -väter der Bayerischen Verfassung einen christlichen Gott vor Augen hatten. Aufgrund gesellschaftlicher Entwicklungen ist es nicht mehr zeitgemäß, im Verfassungswortlaut nur noch diesen christlichen Gott zu verstehen. Vielmehr ist es notwendig, darunter die Glaubenstheorien und Glaubenspraktiken aller Religionen zu fassen. In der Bayerischen Verfassung ist dieser Gedanke bereits grundgelegt, da auch die „Achtung vor religiöser Überzeugung" als oberstes Bildungs- und Erziehungsziel genannt wird. Somit schließt in einem heutigen Verständnis Gott keine Religionen aus, sondern andere Religionen mit ein. „Gott" steht in diesem Sinn für das Objekt von Glaubenstheorien, die mit Transzendenz, Sinnverwiesenheit und höherer Ethik korrespondieren.

Angesichts der aktuellen Verwerfungen und Konflikte, die weltweit zu beobachten sind und auch im Zeichen des Glaubens geführt werden, ist eine Einschränkung hinsichtlich der Religionen aber nötig. Denn nicht alle Religionen erfüllen die weiteren Grundsätze, wie sie in Demokratien gelten und beispielsweise in der Bayerischen Verfassung genannt werden. So heißt es dort, dass die „Achtung vor der Würde des Menschen“ ebenso Gültigkeit hat wie eine „Erziehung im Geist der Demokratie“. Insofern stellt die Bayerische Verfassung an Religionen den Anspruch, im Einklang mit der Verfassung zu stehen und ein humanistisches Fundament zu wahren. Eine Religion, die das nicht sicherstellt, ist im Sinn der Bayerischen Verfassung nicht legitim und kann sich daher auch nicht auf den dort verankerten Bildungs- und Erziehungsauftrag berufen. Der Gottesbegriff in der Bayerischen Verfassung ist vor diesem Hintergrund unabdingbar mit der Würde des Menschen verknüpft. Diese ist, als Erbe der Aufklärung, unverhandelbar und damit eine conditio sine qua non. Im Anschluss an Jürgen Habermas ist die Unantastbarkeit der Würde des Menschen daher von universaler Gültigkeit.

5. Ehrfurcht: Was ist das?

Beim Wort „Ehrfurcht“ werden die älteren Leser vermutlich heute noch zusammenzucken: Gottesdienste, die früher zumindest sonntägliche Pflicht waren, standen unter einer Atmosphäre der Furcht, die einem das Ehren lehrte. Wer dem Gottesdienst fernblieb, konnte damit rechnen, am nächsten Schultag damit konfrontiert zu werden. Und wer im Gottesdienst Unfug trieb, der wurde selbst in der Schule dafür gemaßregelt. Ganz unpassend erscheinen vor diesem Hintergrund die zentrale Worte Jesu: „Fürchtet euch nicht!“ (Mt 14,27) Offensichtlich ist der Begriff der Ehrfurcht schillernd und etwas aus der Zeit gefallen zugleich. Was lässt sich heute darunter verstehen?

Der hermeneutischen Tradition folgend ist es sinnvoll, die zwei Bestandteile des Wortes „Ehrfurcht“ zunächst gesondert zu betrachten, um vom Verständnis der Teile zu einem Verständnis des Ganzen zu gelangen:

Das Wort „Ehre“ stammt vom althochdeutschen „era“ ab und bedeutete „Würde“ oder „Achtung“. Als eine Form der Anerkennung, des Respektes und der Wertschätzung gegenüber der Mit- und bzw. oder Umwelt ist sie ein positives Gefühl. So können es Gegenstände, Naturphänomene, Leistungen eines Kollektives oder eines Individuums, Ideen oder Gedanken sein, die einem Menschen ehrwürdig erscheinen und in diesem Sinn Ehre abverlangen. Voraussetzung dafür ist jedoch, dass diese Phänomene, Leistungen oder Errungenschaften eine derart große Strahlkraft besitzen, dass Menschen deren Existenz kaum glauben können und sie sich den menschlichen Möglichkeiten des Erkennens und Erschließens entziehen.

Anders zeigt sich das Wort „Furcht". Dieses ist dem Althochdeutschen „foraht" entlehnt und steht in Verbindung zu „Angst" oder „Erschrecken". Das Gefühl ist zwar ebenso stark wie das der Ehre, aber es ist im Kern negativ besetzt und kann unangenehm sein. Das Gefühl des Unangenehmen wird durch die Vorstellung von Gefahr, Schaden oder Bedrohung ausgelöst, die anders als bei der Angst nicht greifbar ist. Der Gegenstand der Angst ist etwas Konkretes, Zeigbares, sinnlich Wahrnehmbares oder Benennbares. Bei der Furcht ist es anders: Das, wovor man sich fürchtet, ist unklar und nicht fassbar, es bleibt im Verborgenen – und genau diese Unklarheit und diese Unfassbarkeit sind es, die Furcht hervorrufen können.

Ehre und Furcht zeigen also mindestens zwei wichtige Parallelen auf: Beides sind Haltungen gegenüber etwas, was als besonders groß empfunden wird, das sich häufig den eigenen Möglichkeiten, es zu verstehen, entzieht. Die dadurch erzeugten Gefühle sind in beiden Fällen äußerst stark. Aber, und das ist der Unterschied, die Gefühle sind unterschiedlich gerichtet: Während Ehre im Kern positiv ist, zeigt sich Furcht durchaus als negativ gestimmt.

Diese Ambivalenz, die sich aus dem Gesagten ergibt, ist bestimmend für den Begriff der Ehrfurcht. Sie bezeichnet eine Kombination aus Achtung und Respekt auf der einen Seite und aus Beklommenheit und Schrecken auf der anderen Seite. Im Leben eines Menschen gibt es diese Momente immer wieder, in denen Ehre und Furcht zusammenkommen, beispielsweise der Blick vom Gipfel eines Berges in die Weite des Landes, der Staunen ebenso sehr wie Respekt, Bewunderung ebenso wie das Gefühl von Begrenztheit hervorruft.

Somit folgt auch eine Akzentverschiebung in der Vorstellung des Unklaren und des Nichtfassbaren, das Furcht im Allgemeinen auslöst. Denn mit der Ehre verbindet sich mehr als nur die Unklarheit und die Unfassbarkeit: Das, was Ehre hervorruft, ist stärker und mächtiger, es zeigt sich größer als das, was der Ehre fühlende Mensch kraft seiner Möglichkeiten zu denken und zu ergründen in der Lage ist. Ehrfurcht zeigt sich infolgedessen gegenüber etwas, was als göttlich, heilig, erhaben, überlegen oder allumfassend erscheint. Nicht zufällig fällt in diesem Kontext bereits das Wort „Gott".

Ähnlich wie Gott, Glaube und Religion eine Bedeutung für den Menschen haben, die aus interdisziplinärer Sicht untersucht wird, ist auch die Ehrfurcht Gegenstand verschiedener Forschungen, von denen im Folgenden einige exemplarisch skizziert werden. Welche Bedeutung hat also Ehrfurcht?

Der Philosoph Immanuel Kant (1724–1804) beschreibt in seiner „Kritik der praktischen Vernunft" die Ehrfurcht vor dem moralischen Gesetz als die Grundlage für moralisches Handeln schlechthin. Bekannt ist in diesem Zusammenhang sein Geständnis: „Zwei Dinge erfüllen das Gemüt mit immer neuer und zunehmender Bewunderung und Ehrfurcht, je öfter und anhaltender sich das Nachdenken damit beschäftigt: der bestirnte Himmel über mir und das moralische Gesetz in mir."[20] Damit nennt Kant eine zweite Quelle der Ehrfurcht: Naturphänomene und ihre Ästhetik.

Aus religionsphilosophischer Sicht prägte Rudolf Otto (1869–1937) den Begriff „numinoses Erlebnis". Demnach ist Ehrfurcht eine Reaktion auf das „Heilige", das als etwas Mysteriöses und Übernatürliches eine faszinierende, aber auch beängstigende Wirkung hat. Auch Søren Kierkegaard (1813–1855) diskutiert als Existenzialist die Ehrfurcht im Kontext des Religiösen; er betont die Idee der „absoluten Ehrfurcht" vor dem Absoluten, wobei dieses als Gott zu bezeichnen sei.

Albert Schweitzer (1875–1965), seines Zeichens Theologe, Philosoph und Arzt, betont die Ehrfurcht vor dem Leben in all seinen Erscheinungsformen. Damit wird Ehrfurcht bei ihm die Grundlage für Ethik und moralisches Handeln. In ähnlicher Weise sieht Jean-Jacques Rousseau (1712–1778) die Ehrfurcht vor der Natur als wichtigen Wesenszug seines Konzepts des „edlen Wilden". Seine Auffassung, dass der Mensch von Natur aus gut sein, kulminiert in dieser Haltung.

Moral, Ästhetik, Religion, Respekt vor dem Leben, Demut, Absolutes und Gott, sie alle werden in einem Zusammenhang mit der Ehrfurcht genannt. Somit zeigt sich Ehrfurcht als eine ordnende Kraft im Leben eines Menschen und in der Gemeinschaft. Ohne Ehrfurcht, so scheint es, ist menschliches Leben gar nicht möglich.

Erstaunlicherweise kommt es in der Psychologie erst in den letzten Jahren zu einem größeren Forschungsinteresse an der Ehrfurcht. Aber das, was heute unter diesem Blickwinkel bekannt ist, bestätigt das Gesagte. Zu den Pionieren gehören Dacher Keltner und Jonathan Heidt. Mithilfe verschiedener methodischer Zugänge liefern sie Einsichten in die Psychologie der Ehrfurcht.

Hinsichtlich der Quellen der Ehrfurcht nennen sie drei Bereiche: Erstens soziale Auslöser, wie beispielsweise charismatische Menschen, eine Begegnung mit Gott, besondere Tugenden und Fähigkeiten von Menschen. Zweitens physische Auslöser, wie beispielsweise Naturerfahrungen, imposante Bauwerke oder überwältigende Kunstwerke. Und drittens mentale Auslöser, wie beispielsweise große Theorien oder wissenschaftliche Arbeiten – die Nähe zur Trias des Wahren, des Guten und des Schönen, die seit der Antike diskutiert wird, liegt auf der Hand – und folgerichtig findet auch sie sich in der Bayerischen Verfassung als oberstes Bildungs- und Erziehungsziel.

Die genannten Auslöser können Menschen an die Grenzen ihres Vorstellungsvermögens und ihrer Vernunftmöglichkeiten bringen, sie können Menschen emotional überwältigen. Die Folge daraus ist ein Gefühl der Bewunderung und Achtung einerseits und der Bedrohung und Beklommenheit andererseits.

Die Bedeutung von Ehrfurcht für die Menschheit sehen Keltner und Heidt unter drei Gesichtspunkten: Zunächst können Transzendenz, Sinnorientierung oder eine höhere Ethik, die über allen Menschen steht, eine verbindende Wirkung ausüben. Das Kollektiv wird gestärkt, weil das Interesse Einzelner hinter das große Ganze zurücktreten muss, ja förmlich zurückgedrängt wird. Die Ehrfurcht vor Gott kann demzufolge zu einer sozialen Unterordnung mit dem Ziel der Stärkung des Gemeinwohls führen. Des Weiteren kann Ehrfurcht soziale Hierarchien stärken. In einer Gesellschaft gibt es immer eine je spezifische Rollenverteilung. Eine Ehrfurcht, die vor allem durch soziale Auslöser initiiert wird, ermöglicht es herausragenden Persönlichkeiten, auf andere zu wirken und sie in ihrem Fühlen, Denken und Handeln zu beeinflussen. Schließlich kann Ehrfurcht dazu motivieren, anderen Menschen und der Umwelt mehr Zeit zu schenken und selbstloser zu sein. In diesem Sinn lautet eine Kernthese der Psychologie der Ehrfurcht: Glück lenkt die Aufmerksamkeit auf das Individuum, Ehrfurcht lenkt sie vom Einzelnen weg in Richtung Gemeinschaft.

Aus psychologischer Sicht ist eine letzte Erkenntnis für die vorliegende Abhandlung noch interessant. Generell werden in der Psychologie angeborene Fähigkeiten von erworbenen Fähigkeiten unterschieden. Ehrfurcht zeigt sich vor diesem Hintergrund ambivalent, denn sie ist beides: Auf der einen Seite erlebt der Mensch von Geburt an Momente der Ehrfurcht, auf der anderen Seite kann er aber auch lernen, mit Ehrfurcht umzugehen. Zu denken ist diesbezüglich an kleine Kinder, die noch bei allem, was an ihnen vorbeiflattert, kriecht oder fliegt, ehrfürchtig stehen bleiben und manchmal sogar in die Knie gehen, um das, was da vor ihnen ist, genau betrachten zu können. Erwachsene haben diese ursprüngliche Ehrfrucht häufig im Alltagsstrudel verlernt, können sie aber dennoch wieder erlernen. Menschen, die die meiste Zeit in Innenräumen verbringen, öffnet ein Waldspaziergang in vielerlei Hinsicht die Augen, noch dazu, wenn ihnen jemand die Wunder der Natur zeigt und erklärt. Das Wesentliche, schreibt Antoine de Saint-Exupery, ist für die Augen unsichtbar – man muss angesichts der angestellten Überlegungen hinzufügen: vor allem für Erwachsene. Während Kinder noch vieles wahrnehmen, entdecken und ergründen, tritt diese Spontaneität im Lauf des Lebens hinter eine Rationalität zurück, die zu einer gewissen Blindheit und Entfremdung von der Realität führt.

6. Ehrfurcht vor Gott als oberstes Bildungsziel

Ehrfurcht vor Gott ist nach heutigem Verständnis nicht nur auf den christlichen Glauben beschränkt und auch nicht nur auf diesen zu reduzieren. Sie zeigt sich als eine Haltung des Menschen zu sich selbst, zu seiner Umwelt und zu seiner Mitwelt, die einerseits von Respekt und Bewunderung sowie andererseits von Unfassbarkeit und Beklommenheit gegenüber etwas Höherem und Mächtigerem, als man selbst ist, hervorgerufen wird. Sie ist nicht als Wert über allen anderen Werten zu sehen, sondern steht wie jeder Wert mit anderen in einem Wechselwirkungsverhältnis. In diesem Zusammenhang ist vor allem die Würde des Menschen zu nennen, die hilfreich ist, damit Religionen sich nicht über alles stellen und die Frage nach Gott nicht zur alleinigen Frage auf der Welt wird.

In der Einleitung der vorliegenden Abhandlung ist auf das vielzitierte Diktum von Ernst-Wolfgang Böckenförde hingewiesen worden:

> „Der freiheitliche, säkulare Staat lebt von Voraussetzungen, die er selbst nicht garantieren kann … Als freiheitlicher Staat kann er einerseits nur bestehen, wenn sich die Freiheit, die er seinen Bürgern gewährt, von innen her, aus der moralischen Substanz des einzelnen und der Homogenität der Gesellschaft, reguliert. Andererseits kann er diese inneren Regulierungskräfte nicht von sich aus, das heißt mit den Mitteln des Rechtszwanges und autoritativen Gebots zu garantieren versuchen, ohne seine Freiheitlichkeit aufzugeben."[21]

Dass daraus weder ein Gottesbezug noch die Ehrfurcht vor Gott abzuleiten ist, ist evident. Stattdessen wurden betont, dass sich aus dieser Weltsicht ein umfassender Bildungs- und Erziehungsauftrag ergibt. Dieser soll nun näher in den Blick genommen und die Ehrfurcht vor Gott als das wichtigste Bildungsziel einer modernen Gesellschaft umrissen werden.

Zu diesem Zweck ist erneut in den Artikel 131 BV zu blicken. Dort ist der Bildungs- und Erziehungsauftrag formuliert. Entscheidend ist zunächst der Absatz 1, weil dort das Bildungsverständnis angesprochen ist, das leitend für die weiteren Überlegungen ist.

> „Schulen sollen nicht nur Wissen und Können vermitteln, sondern auch Herz und Charakter bilden.“

Diese Formulierung aus Absatz 1 des Artikels 131 BV erinnert an die Worte von Johann Friedrich Herbart, einem der Gründerväter der modernen Pädagogik. Dieser war nicht nur Nachfolger von Immanuel Kant in Königsberg, sondern hatte auch den dortigen Lehrstuhl für Philosophie und Pädagogik inne. In einem seiner wichtigsten Werke, nämlich in seinem Buch „Umriss pädagogischer Vorlesungen“ von 1835, schreibt er in § 58: „Der Wert des Menschen liegt zwar nicht im Wissen, sondern im Wollen. Aber es gibt kein selbständiges Begehrungsvermögen, sondern das Wollen wurzelt im Gedankenkreis.“[22] Damit zeigt sich, dass die Gründermütter und -väter der Bayerischen Verfassung ein umfassendes Verständnis von Bildung hatten, das im Folgenden in fünf Interpretationseinheiten erläutert werden soll. Diesen Interpretationseinheiten ist gemein, dass sie von der Aussage „Die Schulen sollen nicht nur Wissen und Können vermitteln, sondern auch Herz und Charakter bilden“ gleichsam ausgehen und auf sie zurückführen und in diesem Sinn ein Beispiel für einen Verstehensprozess geben.

(1) Bildung basiert auf einem personalen Menschenbild

Es herrscht in der Pädagogik Konsens, dass sich der Bildungsbegriff nur klären lässt, wenn die Frage nach dem Menschen beantwortet wird. Bildung fokussiert immer auf dem Menschen, geht von ihm aus und führt zu ihm hin. Dabei ist die Frage nach dem Menschen eine anthropologische. Max Scheler macht hierzu eine wichtige Unterscheidung: Die Frage lautet nämlich nicht „Was ist der Mensch?“, sondern: „Wer ist der Mensch?“ Damit wird ein erstes zentrales Bestimmungsmerkmal des Menschen genannt: Der Mensch ist keine Sache, sondern er ist Person. Daraus resultiert die Würde des Menschen, auf der das Grundgesetz (Artikel 1) aufbaut und die auch in der Bayerischen Verfassung (Artikel 100) explizit wird. Landläufig wird daraus die christlich-abendländische Tradition abgeleitet, was insofern korrekt ist, dass die Idee der Würde bis in das antike Christentum zurückreicht. Erwähnenswert ist dennoch, dass die Menschenwürde auch aus dem Islam und dem Buddhismus ableitbar ist und nicht zuletzt deswegen in Artikel 1 der Allgemeinen Erklärung der Menschenrechte der Generalversammlung der Vereinten Nationen angesprochen wird.

Vor diesem Hintergrund ist nicht nur der Absatz 1 des Artikels 131 BV zu sehen, sondern der Artikel in seiner Gänze. Nun könnte man durchaus beginnen, die Begriffe „Person“ und „Würde“ kritisch zu beleuchten. Allerdings erscheint uns das nicht zielführend. Es muss in einer demokratischen Gesellschaft möglich sein, gewisse normative Setzungen vorzunehmen und im Sinn von Jürgen Habermas als Universalitätsprinzip zu formulieren. Insofern möchte ich davon ausgehen und weiterdenken, wodurch sich eine Person auszeichnet: Zum einen ist die Personalität zu nennen. Darunter werden all jene Eigenschaften des Menschen subsumiert, durch die er sich von anderen Lebewesen unterscheidet. Die bereits angesprochene Würde ist hierzu ebenso zu zählen wie die Freiheit, die Offenheit und die Interpersonalität. Diese Eigenschaften kommen jedem Menschen in gleicher Weise zu, unabhängig von Geschlecht, Hautfarbe, Herkunft, Ethnie und dergleichen; auch das ist ein wichtiges Merkmal des eben angesprochenen Universalitätsprinzips. Zum anderen ist die Individualität zu nennen. Darunter werden all jene Eigenschaften des Menschen subsumiert, durch die sich ein einzelner Mensch von seinen Mitmenschen unterscheidet: Wissen, Können, Talente und Fertigkeiten, aber ebenso Wertungen, Haltungen und Einstellungen. Diese Eigenschaften sind somit vielfältig und veränderbar. Nimmt man diese Individualität bei einem einzelnen Menschen in den Blick und beschreibt sie als Momentaufnahme, so spricht man von der Persönlichkeit.

Personalität und Individualität definieren infolgedessen das Personsein und stehen in einem Wechselwirkungsverhältnis zueinander: Individualität lässt sich nur auf der Grundlage von Personalität verstehen und Personalität zeigt sich in Individualität. Vor diesem Hintergrund wird davon gesprochen, dass das Personsein nicht nur Gabe, sondern lebenslange Aufgabe ist: Ein Leben lang steht der Mensch vor der Herausforderung, nicht nur Person zu sein, sondern auch Person zu werden. In diesem Sinn spricht Georg Wilhelm Friedrich Hegel von „Menschwerdung". Bildung ist insofern immer sowohl etwas Allgemeines als auch etwas Individuelles: allgemein, weil Bildung jeden Menschen betrifft – unabhängig von seiner Hautfarbe, seinem Geschlecht, seiner Herkunft usw. –, individuell, weil jeder Mensch für sich selbst Bildung erschließen muss. Menschwerdung basiert zwar auf allgemeinen Grundsätzen, erfordert aber doch eine individuelle Ausgestaltung.

Für das Bildungsziel „Ehrfurcht vor Gott" bedeutet das: Die Würde des Menschen zeigt sich darin, dass er über die Hinwendung zu Welt und Mitmensch die Fähigkeit besitzt, in ein Verhältnis zu Gott zu treten. „Ehrfurcht vor Gott" ist damit keine von außen her kommende Pflicht, sondern ist Gabe und Aufgabe des Menschen zugleich. Der Mensch ist in der Lage, zu erkennen, dass es mehr geben muss als das, was er mit seinen Sinnen erfassen kann. Ehrfurcht vor Gott gehört demzufolge genauso zum Menschsein wie etwa soziale Bedürfnisse oder Sprach- und Kommunikationsfähigkeit.

(2) Bildung ist allseitig und ganzheitlich zu verstehen

Diese Wechselwirkung zwischen Personalität und Individualität wird in neueren Forschungen ausdifferenziert, so z. B. mithilfe der Theorie der multiplen Intelligenzen von Howard Gardner.[23] In dieser wendet sich Gardner explizit gegen eine Reduktion von Intelligenz auf ein paar ausgewählte Fähigkeiten, beispielsweise mathematische und sprachliche Kompetenzen. Diese sind zwar wichtig, aber sie erfassen nur einen Teil der Persönlichkeit und sind noch dazu kulturabhängig entwickelt. Eine so verstandene Intelligenz hat für Gardner wenig Aussagekraft, um die Frage nach dem Menschen beantworten zu können. Stattdessen argumentiert er für eine Anerkennung multipler Intelligenzen und verdeutlicht dies am Beispiel berühmter Persönlichkeiten aus verschiedenen gesellschaftlichen Bereichen: Diese zeigen sprachlich-linguistische Intelligenz, jene logisch-mathematische Intelligenz, andere wiederum musikalisch-rhythmische Intelligenz, bildlich-räumliche Intelligenz, körperlich-kinästhetische Intelligenz, naturalistische Intelligenz, interpersonale Intelligenz oder – für die vorliegende Abhandlung durchaus zentral – spirituelle Intelligenz.

„Ehrfurcht vor Gott" lässt sich daher als Ausdruck spiritueller Intelligenz verstehen, die sich sowohl allseitig als auch ganzheitlich zeigt: Der Mensch lebt seine Beziehung zu Gott sowohl in emotionaler als auch rationaler Weise, vollzieht sie in Gemeinschaft und in Handlungen, entwickelt sie weiter, indem er sie in Frage stellt und im Laufe seines Lebens auch religiöse Krisen und Häutungsprozesse erfährt. „Ehrfurcht vor Gott" zeigt sich in Gebet, Gottesdienst und Meditation, in Achtung vor der Schöpfung und im verantwortungsbewussten Verhalten, in der Reflexion über das Transzendente und im Erleben kultureller Ereignisse, die an das Göttliche rühren, wie z. B. in Kunst, Literatur und Musik.

Um an dieser Stelle nicht in weitschweifende Debatten zum Intelligenzbegriff abzugleiten, wird im Folgenden in Anlehnung an Ken

Wilber[24] von Linien der Persönlichkeit gesprochen. Solche können sein – ohne Anspruch auf Vollständigkeit: kognitiv, sozial, emotional, moralisch, ästhetisch, kinästhetisch und religiös. Eine Reihe empirischer Untersuchungen konnte aufzeigen, dass zwischen diesen Linien der Persönlichkeit Wechselwirkungen bestehen – mit der Folge: Bildung lässt sich nicht auf eine Linie reduzieren. Keine der Linien der Persönlichkeit kann durch eine andere ersetzt und kompensiert werden. Alle hängen voneinander ab und können nicht isoliert betrachtet werden. In diesem Sinn lässt sich die Formulierung von Absatz 1 in Artikel 131 BV interpretieren: Schulen sollen nicht nur Wissen und Können und insofern nicht nur bestimmte Intelligenzen fördern, sondern auch Herz und Charakter und damit den ganzen Menschen in all seinen Entfaltungsmöglichkeiten unterstützen.

Betrachtet man die bereits angesprochenen empirischen Untersuchungen näher, so zeigt sich, dass es unterschiedliche Ebenen gibt, auf denen sich die Linien der Persönlichkeit verorten lassen: Allen voran sind die Studien von Jean Piaget[25] zur kognitiven Entwicklung zu nennen. Er kommt darin zu dem Ergebnis, dass sich diese Entwicklung auf vier Ebenen vollzieht: sensumotorisch, präoperational, konkret-operational und formal-operational. Diesen Gedanken aufgreifend untersucht Lawrence Kohlberg[26] die moralische Entwicklung des Menschen und kann drei Phasen mit jeweils zwei Stufen identifizieren: eine prä-konventionelle Phase mit den Stufen „Orientierung an Bestrafung und Gehorsam“ und „Orientierung an der Gegenseitigkeit des Handelns“, eine konventionelle Phase mit den Stufen „Orientierung an interpersonaler Eintracht“ und „Orientierung an Gesetz und legaler Autorität“ und schließlich eine post-konventionelle Phase mit den Stufen „Orientierung an sozialen Verträgen und individuellen Rechten“ und „Orientierung an allgemeingültigen ethischen Prinzipien“.

In derselben Forschungstradition steht James W. Fowler,[27] der sich mit den Ebenen des Glaubens befasst und folgendes Modell entwickelt:

Vorgeburtliche Glaube: Auf dieser Ebene gibt es noch keine bewusste Glaubensbildung. Der Mensch befindet sich in einem Zustand vor jeglicher Glaubensentwicklung.

Eindeutige Gehorsams- und Abhängigkeitsebene: Diese Ebene ist typisch für die frühe Kindheit, in der Kinder die Welt durch ihre Sinne und Vorstellungen wahrnehmen. Glaube wird durch emotionale Bindungen und Vertrauen in Autoritätspersonen geprägt.

Instrumenteller Glaube: Auf dieser Ebene, die oft in der Kindheit und Jugend auftritt, wird der Glaube durch konkrete Vorstellungen und Geschichten geprägt. Es herrscht ein Richtig-Falsch-Denken vor und religiöse Überzeugungen werden oft wörtlich interpretiert.

Konformitäts- und Beziehungsglaube: Diese Ebene tritt normalerweise in der Adoleszenz auf. Glaube wird durch die Zugehörigkeit zu sozialen Gruppen und die Orientierung an moralischen Normen geprägt. Die Meinungen anderer werden wichtig, und es entsteht ein stärkeres Verständnis für Vielfalt.

Systematische Reflexionsebene: Auf dieser Ebene, die oft im jungen Erwachsenenalter beginnt, wird der Glaube durch individuelle Reflexion und das Verstehen von moralischen Prinzipien beeinflusst. Es entsteht ein Bewusstsein für komplexe ethische Fragen und ein Verständnis für persönliche Verantwortung.

Konjunktive Ebene: Auf dieser Ebene, die viele im mittleren Erwachsenenalter erreichen, werden Widersprüche und Ambivalenzen im Glauben akzeptiert. Es entsteht ein Streben nach Tiefe und Ganzheitlichkeit im spirituellen Verständnis, oft durch mystische Erfahrungen oder spirituelle Praktiken.

Universale Ethik und Glaube: Diese Ebene ist geprägt von einem tiefen Verständnis universaler Prinzipien der Liebe und Gerechtigkeit. Glaube wird durch das Streben nach einem höheren, transzendenten Sinn und einem tiefen Gefühl der Verbundenheit mit allem Lebenden beeinflusst.

Ähnlich wie bei Piaget gilt auch für die Fowlersche Theorie, dass nicht jeder Mensch alle Ebenen durchläuft und der Glaubensentwicklungsprozess individuell und komplex ist. Die Ebenen bieten aber einen Rahmen zur Analyse und zum Verständnis von Glaubenspraktiken über die Lebensspanne.

Es ließen sich an dieser Stelle noch eine Reihe weiterer Studien anführen (beispielsweise von Jean Gebser, Jane Loevinger, Abigail Housen, Abraham Maslow, Robert L. Selman und Daniel Goleman). Der Kerngedanke all dieser Studien ist jedoch bereits sichtbar: Die Entfaltung der Persönlichkeit auf ihren Linien durchläuft verschiedene Ebenen, allgemein formuliert eine egozentrische, eine ethnozentrische und eine weltzentrische. „Egozentrisch" bezeichnet eine Weltsicht, die stark vom Einzelnen geprägt ist und wenig Komplexität und Tiefe mit sich bringt. Sie ist vergleichbar mit einem Anfänger, der sich das erste Mal mit einer Sache auseinandersetzt und noch keinerlei Erfahrung hat. Demgegenüber bezeichnet „ethnozentrisch" eine Weltsicht, die bereits eine kulturelle Prägung erfahren hat und insofern über die unreflektierte Sichtweise des Einzelnen hinausgeht. Damit ist eine größere Komplexität und Tiefe erreicht, die auch in der Auseinandersetzung mit sich und anderen, in Argumentationen und Begründungen erkennbar wird. Diese Ebene ist vergleichbar mit einem Fortgeschrittenen, der eine Sache bereits von den Ansätzen bis zu weiterführenden Aspekten durchdrungen hat, ohne sie vollends zu verstehen oder zu beherrschen. „Weltzentrisch" bezeichnet zuletzt eine Weltsicht, die eine kritische Distanz zu kulturellen Prägungen entwickelt hat und insofern in der Lage ist, über das eigene Leben und die eigene

Kultur zu reflektieren und zu urteilen. Sie ist vergleichbar mit einem Experten, der eine Sache in all ihren Facetten durchdrungen hat und beherrscht.

Die Wechselwirkungen zwischen den Linien der Persönlichkeit sind vor diesem Hintergrund näher beschreibbar. Denn sie bestehen nicht nur zwischen den Linien, sondern auch zwischen den Ebenen. Die kognitive Linie nimmt dabei eine Sonderstellung ein, weil sie mit allen anderen in enger Verbindung steht. Beispielsweise kann man nachweisen, dass eine hohe Ebene auf der moralischen Linie mit einer hohen Ebene auf der kognitiven Linie korreliert. Das heißt, es besteht ein Zusammenhang zwischen der moralischen und der kognitiven Entfaltung. Je höher die moralische Entfaltung ist, desto höher ist auch die kognitive. Die Richtung des Zusammenhangs ist allerdings wichtig: Umgekehrt gilt nicht, dass Menschen mit einer hohen kognitiven Entfaltung per se eine moralisch hohe Entfaltung vorweisen können. Die Geschichte hat dies deutlich unter Beweis gestellt und Max Müller[28] erinnert nicht umsonst an den NS-Arzt, der in vielen Bereichen hochintelligent war und dennoch Menschenversuche an Juden durchführte. Dass damit keine fixen Kausalitäten beschrieben sind, ist ebenso zu betonen.

Neben den genannten Ebenen und Linien lässt sich ein weiterer Aspekt empirisch nachweisen, der im Kontext von Bildung zentral ist. Die Rede ist von Bewusstseinszuständen – ein Bereich, der in der westlichen Wissenschaftswelt nahezu völlig an Bedeutung verloren hat, wohingegen er in der östlichen Welt seit jeher eine große Rolle spielt und über diese zumindest wieder in die populäre Literatur der westlichen Welt Eingang findet. Obschon es verschiedene Klassifikationen von Bewusstseinszuständen gibt, können folgende vier als grundlegend angesehen werden:

In der Bewusstseinsphase des Traumes nimmt der Mensch zwar etwas wahr und handelt auch, aber all dies in einer scheinbaren

Welt, die nichts mit der Realität zu tun hat. Demgegenüber nimmt der Mensch in der Bewusstseinsphase des Schlafes weder etwas wahr, noch führt er konkrete Handlungen aus. Die Bewusstseinsphase des Wachseins zeichnet sich dadurch aus, dass der Mensch zwar Handlungen ausführt, ohne sie aber in ihrer Tiefe wahrzunehmen. Letzteres ist in der Bewusstseinsphase der Achtsamkeit gegeben, in der der Mensch Handlungen ausführt und diese eben besonders in ihrer Tiefe wahrnimmt.

Jeder dieser Bewusstseinszustände hat seine Berechtigung und Bedeutung. Ein Mensch kann nicht sein ohne Traum, ohne Schlaf, ohne Wachsein und ohne Achtsamkeit. Problematisch wird es, wenn einer dieser Bewusstseinszustände fehlt oder zu stark in den Hintergrund tritt, aber auch wenn einer dieser Bewusstseinszustände dominiert und zu stark in den Vordergrund drängt. Denn dann können reduktionistische Formen aufkommen und durchaus als Fehlformen in Erscheinung treten: Menschen, die nur noch über WhatsApp und Facebook kommunizieren, weil sie die digitale Welt für die reale Welt halten; Menschen, die in einen Bewegungs- oder Ernährungswahn verfallen, der sie von ihrer Mitwelt abschneidet; Menschen, die ihre Transzendenz verleugnen und dabei sich selbst negieren; Menschen, die in einen suchtähnlichen Zustand verfallen und das meditative Erleben über alles andere stellen, und vieles andere mehr.

Zusammengefasst lässt sich Bildung immer aus den Blickwinkeln von Linien der Persönlichkeit, Ebenen der Entwicklung und Phasen des Bewusstseins unterscheidend betrachten. Sicherlich sind diese in Artikel 131 BV nicht explizit genannt, sie lassen sich aber dennoch daraus ableiten und insofern zeitgemäß interpretieren.

„Ehrfurcht vor Gott“ ist deshalb weder etwas Besonderes noch etwas Zusätzliches, sondern eine Querschnittsdimension des Menschen, die ihn als ganze Person prägt und formt. Diese Haltung zeigt sich im Fühlen, Denken und Handeln. Sie zu ignorieren, wäre eine Reduktion des Menschen. Da Erziehung Lebenshilfe ist, kann „Ehrfurcht vor Gott" vor dem Hintergrund der genannten empirischen Forschungen als Leitmotiv gelungenen menschlichen Lebens verstanden werden, in dem der Mensch als Person seine existenziellen Möglichkeiten ausschöpft. Mit anderen Worten: Der Mensch wird, was er ist.

(3) Bildung ist kulturspezifisch

Mit Blick auf Bildung ist des Weiteren die Frage zu stellen, inwiefern diese zur kulturellen Vergangenheit, Gegenwart und auch Zukunft passt. Diese Frage kann weder durch Tests noch allein aufgrund von Überzeugungen beantwortet werden. Es muss diskursiv und argumentativ vorgegangen und entschieden werden, ob das, was unter Bildung verstanden wird, für die jeweilige Zeit richtig oder falsch ist. Jede Generation ist also aufs Neue gefordert, für sich den Bildungsbegriff zu bestimmen.

Dieser Gedanke lässt sich an den Daseinskategorien des Raumes und der Zeit verdeutlichen: Ein Mensch, der im 18. Jahrhundert gelebt hat, musste andere Kompetenzen, ein anderes Wissen und Können, andere Wertungen und Einstellungen haben als jemand, der heute lebt und gefordert ist, sich mit Herausforderungen wie den Neuen Medien, nachhaltiger Entwicklung, mit Arbeitslosigkeit, Migration und Inklusion auseinanderzusetzen, um eine Reihe von aktuellen Schlüsselthemen zu nennen. Mit ihnen muss man sich in unserem 21. Jahrhundert intensiv befassen, früher spielten sie keine Rolle. Ein weiteres Beispiel: Ein Mensch, der heute in Afrika in einer Steppe lebt, muss anderen Aufgaben und Prüfungen begegnen, als jemand, der in München zuhause ist – für den einen mögen Rechnen, Lesen und Schreiben elementar sein, für den anderen ziemlich unnütz. Raum und Zeit haben also einen großen Einfluss darauf, was unter Bildung zu verstehen ist. Bildung ist nichts Festes, für immer Abgeschlossenes und Bestimmtes.

Bildung ist vielmehr flexibel, von jeder Generation und von jeder Kultur aufs Neue zu definieren.

Kurzum: Bildung ist nichts Selbstverständliches, sondern etwas, das dazu bestimmt ist, stetig austariert und festgelegt zu werden. Welches Wissen und welches Können, welches Herz und welcher Charakter heute und in Zukunft als wichtig erachtet werden, wie es in Artikel 131 BV gefordert wird, ist somit eine Frage, die jede Generation aufs Neue angehen und für sich beantworten muss.

„Ehrfurcht vor Gott" findet in der menschlichen Kultur und Zivilisation ihren Ausdruck: Gerade in unserer globalisierten und digitalisierten Welt, die sich durch Klimawandel und Migration immer stärker vernetzt und zum Überleben auf weltweite Solidarität angewiesen ist, fordert uns das Bildungsziel „Ehrfurcht vor Gott" besonders heraus, in eine öffentliche Debatte über Glaubensüberzeugungen und deren konkrete gesellschaftliche, ökonomische, ökologische und politische Folgen zu treten. Dies gilt auf weltpolitischer Ebene im Dialog der Religionen, aber auch in der individuellen Fähigkeit, einen eigenen Standpunkt in einer offenen und pluralistischen Gesellschaft zu finden, zu vertreten und im Gespräch mit anderen Menschen einer kritischen Prüfung zu unterziehen. „Ehrfurcht vor Gott" wird so zum Prüfstein für Offenheit und Toleranz.

(4) Bildung führt zu einer Kohärenz

Bildung ist vor dem Hintergrund des Gesagten ein spannungsreiches Gefüge, bestehend aus Linien, Ebenen und Phasen. Dabei zeigt sich, dass es innerhalb des Gefüges weniger auf eine Konsistenz im Sinn einer Widerspruchsfreiheit ankommt, sondern vielmehr auf eine Kohärenz im Sinn einer Stimmigkeit, die sogar von bestehenden Widersprüchen hervorgerufen wird. Diese Widersprüche lassen sich mithilfe des von Ken Wilber[29] entwickelten erkenntnistheoretischen Modells, des sogenannten Quadrantenmodells, identifizieren. In diesem unterscheidet er vier Zugänge zur Wirklichkeit, die Quadranten, die sich auf Bildung übertragen lassen:

Erstens einen objektiven Zugang, der Messbarkeit und Beobachtbarkeit als zentrale Kategorien nennt und sich um Wahrheit im propositionalen Sinn bemüht. Ein einfaches Beispiel hierfür ist die Aussage: „Es regnet draußen." Diese lässt sich empirisch überprüfen. Im pädagogischen Kontext geht es in diesem Quadranten dementsprechend darum, Kriterien aufzuzeigen, die für einen Bildungserfolg nachweislich dienlich sind – Effektivität ist hier das Maß aller Dinge.

Zweitens einen subjektiven Zugang, in dem es um Wahrhaftigkeit geht und somit Interessen, Wünsche und Bedürfnisse an erster Stelle stehen. In diesem Quadranten getroffene Aussagen können nicht von außen überprüft werden, sondern sind nur interpretierend zugänglich. Wenn ich beispielsweise in den Raum stelle, dass mir der Unterricht, den ich gerade besuche, gefällt, dann kann diese Behauptung von anderen nicht auf ihren Wahrheitsgehalt hin untersucht werden. Man kann mich zwar beobachten, meine Gestik und meine Mimik studieren, aber man kann keinen letztlich sicheren Schluss daraus ziehen, bleibt auf der Ebene des Interpretierens und muss mir sowie meiner Aussage Glauben schenken. Wenn man diese Überlegungen auf die Frage, was Bildung auszeichnet, überträgt, dann lautet die entsprechende Teilfrage: „Was ist eine freudvolle Bildung?" Dabei interessiert nicht so sehr, ob eine Schule den Lehrplan umsetzt und Kompetenzen anbahnt, sondern ob die Zeit in der Schule als erfüllte Lebenszeit wahrgenommen wird. Diesbezüglich erscheint es bemerkenswert, dass eine erfüllte Lebenszeit nicht immer effektiv genutzt werden muss, sondern auch Phasen der Langeweile, des Nichtstuns und der Erholung immanent dazu gehören. Bildung ist Lebenszeit, die nicht bis in ihre kleinsten Zeiteinheiten zerlegt werden muss.

Drittens einen intersubjektiven Zugang, der als Ziel eine kulturelle Angemessenheit verfolgt und damit Gerechtigkeit und Richtigkeit als zentrale Kriterien nennt. Werte und Normen, Regeln und Rituale bieten sich in diesem Quadranten als Beispiele an. Sie können weder empirisch gewonnen noch vom Einzelnen festgelegt werden, sondern bedürfen der diskursiven und argumentativen Auseinandersetzung in der Gemeinschaft. Übertragen auf Bildung lautet hier die Frage: „Was ist eine kulturell passende Bildung?" In diesem Quadranten geht es folglich um den Bildungsauftrag, die Bildungsziele und -inhalte, die immer wieder aufs Neue ausgehandelt werden müssen. Es ist von Interesse, ob es dem Unterricht gelingt, diejenigen Inhalte zu vermitteln, die für den Fortbestand und die Weiterentwicklung der bestehenden Gesellschaft wichtig erscheinen: Freiheit, Demokratie, soziale Gerechtigkeit und Toleranz, Medien-, Umwelt- und Fremdsprachenkompetenz, um nur ein paar Beispiele zu nennen. Eine Schule misst sich, aus dieser Perspektive betrachtet, daran, was und wie sie unterrichtet und erzieht, und nicht nur daran, ob sie dies grundsätzlich tut.

Viertens einen interobjektiven Zugang, der einen systemischen Anspruch erhebt und folglich auf eine funktionale Angemessenheit fokussiert. Dahinter verbirgt sich die Auffassung, in Anlehnung an die Systemtheorie von Niklas Luhmann,[30] dass jeder Mensch eingebettet ist in einen systemischen Zusammenhang, der komplex und mannigfaltig ist: Familie, Peers, Wirtschaft, Politik und Kirche, um die vielleicht wichtigsten Systeme anzuführen. Jedes dieser Systeme folgt eigenen Regeln, hat unterschiedliche Funktionen und verwendet spezifische Codes, so dass es zu Spannungen und Passungsproblemen kommen kann. Beispielsweise geht es Politik in erster Linie um Macht, Kirche agiert im Kontext des Glaubens und Wirtschaft verfolgt das Ziel des finanziellen

Gewinns. In diesen systemischen Zusammenhang ordnet sich die Schule als ein eigenes System ein, dem es um Bildung geht. Es besteht die Herausforderung, den Erwartungen, die von den anderen Systemen an die Schule herangetragen werden, bei gleichzeitiger Wahrung der systemischen Eigeninteressen gerecht zu werden und die damit verbundenen Differenzen auszuhalten und gegebenenfalls aufzulösen. Damit ist die Frage „Was ist eine funktional angemessene Bildung?“ eröffnet. Bildung lässt sich nur mit Blick auf politische, wirtschaftliche und viele weitere Systeme in ihrer Komplexität betrachten.

Kernaussage des Quadrantenmodells von Wilber ist, dass die Beantwortung komplexer Fragestellungen nicht nur mithilfe *eines* Zugangs erfolgen kann, sondern alle genannten Perspektiven berücksichtigt werden müssen. Infolgedessen sind bei der Auseinandersetzung mit der Frage, was Bildung meint, mindestens die Fragen nach einer effektiven, einer freudvollen, einer kulturell angemessenen und einer funktional angemessenen Bildung zu beantworten. Dabei zeigt sich auch, dass die damit verbundenen Teilfragen selbst in einem Wechselwirkungsverhältnis zueinander stehen und jeder Versuch, isoliert aus nur einem Zugang heraus zu antworten, von vornherein zum Scheitern verurteilt ist. Es lässt sich beispielsweise allein anhand der PISA-Ergebnisse nicht sagen, ob Bildung erfolgreich ist. Vielleicht kann damit beantwortet werden, wie effektiv eine Schule im Hinblick auf die Vermittlung von mathematischen, naturwissenschaftlichen und sprachlichen Kompetenzen im Ländervergleich abschneidet, aber nicht, ob die Beteiligten ihre Bildung als erfüllte Lebenszeit wahrnehmen, ob die Werte unserer Gesellschaft in angemessener Weise im Schulleben verankert sind und ob die Lernenden auf ihre wirtschaftlichen, politischen und anderen gesellschaftlichen Aufgaben ausreichend vorbereitet sind.

Bildungspolitische Diskussionen laufen immer wieder Gefahr, einseitig aus nur *einer* Perspektive zu argumentieren – meistens mithilfe eines rein objektiven Zugangs im oben dargelegten Sinn. Verkürzende oder, wie es Wilber nennt, reduktionistische Überlegungen sind die Folge, die der Komplexität von Bildung weder theoretisch noch praktisch gerecht werden. Und an dieser Stelle gewinnt die Tragweite des Artikels 131 BV für aktuelle Herausforderungen seine Bedeutung. Denn die Formulierung „Die Schulen sollen nicht nur Wissen und Können vermitteln, sondern auch Herz und Charakter bilden" warnt vor entsprechend einseitigen Interpretationen.

Im Hinblick auf das Bildungsziel „Ehrfurcht vor Gott" bedeutet dies, dass es dabei um weit mehr geht als um das Schulfach „Religionsunterricht". Wie kein anderes Bildungsziel ist „Ehrfurcht vor Gott" sowohl Grundlage als auch Rahmen und insbesondere Perspektive im Bildungsprozess jeder Schülerin und jedes Schülers. Würde dieses kohärente, integrale Dimension fehlen, wären alle anderen Aspekte voneinander isoliert und ohne kontextuelle Verbindung. Bildung für nachhaltige Entwicklung zum Beispiel wird weder erfolgreich sein, wenn es nur um entsprechendes Verhalten des Einzelnen geht, noch dann, wenn allein eine Strategie zum Überleben der Menschheit thematisiert wird. Vielmehr erwächst sensitives und verantwortungsbewusstes Verhalten aus der Haltung des Staunens und der Dankbarkeit, aus Mitgefühl, Solidarität und der existenziellen Verbindung zur ganzen Schöpfung, die man achtet und der man sich verpflichtet fühlt. So wird „Ehrfurcht vor Gott" zur einzigartigen Triebkraft für einen wirklich effektiven persönlichen Einsatz für nachhaltige Entwicklung auf allen Ebenen.

(5) Bildung vereint Kompetenz und Haltung

Wissen und Können, mit Blick auf Bildung als Kompetenzen zusammengefasst, sind für sich allein genommen wertfreie Kategorien. So kann ein Mörder durchaus viele Kompetenzen besitzen – er ist und bleibt ein Mörder. Für Bildung entscheidend ist eine ethische Dimension, die mit dem Begriff der Haltung umschrieben werden kann: Wollen und Werten sind grundlegend für Bildungsprozesse. Bildung umfasst folglich Kompetenz (Wissen und Können) und Haltung (Wollen und Werten), die immer wieder aufeinander bezogen werden müssen.

In den vorgestellten fünf Interpretationseinheiten zeigt sich sowohl die historisch verankerte Orientierungskraft als auch die visionäre Grundidee, die beide dem Artikel 131 BV mit Blick auf ein Bildungsverständnis innewohnen und die in Absatz 1 mit der Formulierung „Die Schulen sollen nicht nur Wissen und Können vermitteln, sondern auch Herz und Charakter bilden“ zum Ausdruck gebracht werden. Jedwede Reduzierung, beispielsweise auf mathematische, naturwissenschaftliche und sprachliche Aspekte, wie sie in Folge von PISA und Co. zu beobachten ist, ist vor diesem Hintergrund zurückzuweisen. Letztendlich läuft eine entsprechend verkürzte Bildung Gefahr, keine Bildung mehr zu sein, weil sie nur noch ein Abbild einer ökonomischen Funktionalität darstellt, die aber nicht mehr dem Menschen in seinem Wesen gerecht wird.

Papst Benedikt XVI. hat in seinen Schriften diese Gefahr der Verkürzung immer wieder im Kontext des Glaubens angemahnt und den Ausdruck „Pathologien der Religion“[31] geprägt. Dieser Gedanke lässt sich ohne Schwierigkeiten auf die angestellten Überlegungen übertragen: Es kann von „Pathologien der Bildung“ gesprochen werden. Diese zeigen sich etwa in einer Einseitigkeit dessen, was für Bildung als wichtig erachtet wird. Beispielsweise daran, dass Kunst, Musik und Sport immer am Rand der Stundentafeln platziert werden und um ihre Berechtigung kämpfen müssen, während andere Fächer mehr Aufmerksamkeit bekommen. Solche Pathologien zeigen sich aber auch in Bemühungen, Bildungsprozesse immer mehr zu beschleunigen; „Je früher, desto besser!“ ist für Bildung nicht immer die zielführende Devise. Und sie zeigen sich in einem fast ausschließlichen Nebeneinander der Fächer und damit in einer Separierung verschiedener Sphären des Geistes, was verkennt, dass das Leben selbst und auch die zu bewältigenden Herausforderungen immer den ganzen Menschen mit all seinen Möglichkeiten ansprechen.

Ein gutes Leben lässt sich nicht an wenigen Aspekten messen. Die entscheidende Frage ist daher nicht: „Was hat man aus meinem Leben gemacht?“ Entscheidend ist vielmehr: „Was habe ich aus meinem Leben gemacht?“ Ein Erfolg bei PISA mag hilfreich sein für die Bildung. Aber er ist weder hinreichend noch notwendig: nicht hinreichend, weil mathematische, naturwissenschaftliche und sprachliche Perfektion nicht zwangsläufig zu Glück verhelfen. Nicht notwendig, weil die Kompetenzmessungen von PISA nicht einmal in einem direkten Zusammenhang mit Glück stehen. Wäre dies der Fall, dann würde jeder Mensch, der, aus welchen Gründen auch immer, nicht in der Lage ist, bei PISA erfolgreich zu sein, sich von vornherein nicht bilden können. Das ist inhuman. Jeder Mensch ist in der Lage, sich zu bilden. Diese Haltung muss grundlegend für ein zukunftsfähiges Bildungsverständnis sein – und der Artikel 131 BV legt hierfür das Fundament.

So nachvollziehbar und wohlklingend der Artikel 131 BV nun auch sein mag: Eine Fülle vernünftiger Sätze und ein Katalog an wichtigen Werten allein führt noch nicht zur gewünschten Bildung. Der Lebensalltag von Kindern, Jugendlichen und Erwachsenen zeigt sich stattdessen nicht selten ganz anders. Wer heute seinen Blick in die sozialen Medien lenkt, findet dort nicht nur edle Kommentare, sondern auch eine Vielzahl an menschenverachtenden Positionen.

Das oberste Bildungsziel „Ehrfurcht vor Gott“ als pädagogische Leitperspektive ermöglicht die Verbindung von Kompetenz und Haltung, von Wissen und Können, Herz und Charakter. Der Mensch stellt sich im Bewusstsein seiner Begrenztheit und Vergänglichkeit in eine Beziehung zu einem Übergeordneten und Unverfügbaren, von dem her er Selbstwertgefühl und Nächstenliebe entwickelt und Verantwortung für die Schöpfung übernimmt. Das Bildungsziel „Ehrfurcht vor Gott“ ist keine Überwältigung oder Einschränkung, sondern eine pädagogische Leitidee, die Menschenwürde und Zukunftsfähigkeit der Gesellschaft wie der Welt insgesamt ermöglicht.

7. Erziehung zur „Ehrfurcht vor Gott“

Werte erfordern also eine Erziehung. Welche Wege der Werteerziehung gibt es? Bevor dieser Frage nachgegangen werden kann, soll zunächst der Begriff „Wert“ selbst näher erläutert werden. Denn die bisherigen Ausführungen sind von einem Alltagsverständnis ausgegangen, das es durchaus gibt und das für weite Teile des Diskurses auch ausreicht. Wenn es im Folgenden aber darum geht, konkrete Ansätze einer Werteerziehung zu beschreiben, ist eine terminologische Analyse unabdingbar.

Ohne den damit in Beziehung stehenden Begriffshimmel auch nur im Ansatz ausleuchten zu wollen, lässt sich unter einem Wert eine Idee fassen, die menschliches Denken und Handeln leitet. Ein Wert (z. B. „Wahrheit“) ist folglich immer das Ergebnis eines Entscheidungsprozesses, eines Abwägens von konkurrierenden, teilweise sich auch widersprechenden Ansichten. Wird ein Wert als Sollensvorschrift formuliert, spricht man von einer *Norm* (z. B. „Du sollst nicht lügen.“), wird er als Persönlichkeitsmerkmal definiert, so lässt sich von einer *Tugend* (z. B. „Ehrlichkeit“) reden. Die Gesamtheit aller Werte, die für einen Menschen leitend sind und ihm Orientierung geben, kann schließlich als *Moral* bezeichnet werden.

Dass Werte selbstverständlich gebraucht werden, lässt sich am alltäglichen Sprachgebrauch erkennen: Ohne lange zu überlegen, fällen wir beispielsweise Urteile, ob etwas wahr, schön oder gut ist. Wir bewerten Menschen, Sachen und Situationen. Die hier zugrunde liegenden Werte des Wahren, des Schönen und des Guten sind jedoch nur in den seltensten Fällen eindeutig bestimmbar und anwendbar. In der Regel lässt sich darüber streiten, was wahr, gut oder schön ist. Damit ist das Problem der Nichtselbstverständlichkeit des Selbstverständlichen formuliert. Mithilfe des Werte- und Entwicklungsquadrates von Friedemann Schulz von Thun, dessen Grundidee bereits in der „Nikomachischen Ethik" von Aristoteles zu finden ist und von Paul Helwig zum ersten Mal in einem Wertequadrat fixiert wurde, lässt sich dieses Problem genauer erläutern.

Ausgangspunkt der Überlegungen von Schulz von Thun ist, dass „jeder Wert (jede Tugend, jedes Leitprinzip, jedes Persönlichkeitsmerkmal) nur dann zu einer konstruktiven Wirkung gelangen [kann], wenn er sich in ausgehaltener Spannung zu einem positiven Gegenwert, einer ‚Schwestertugend', befindet". Fehlt diese „ausgehaltene Spannung", diese „dynamische Balance" oder, um mit Aristoteles zu sprechen, dieses „rechte Maß", diese „rechte Mitte", dann besteht die Gefahr, dass ein Wert „zu seiner entwertenden Übertreibung [verkommt]".[32]

Sparsamkeit, um ein Beispiel zur Verdeutlichung zu nennen, „verkommt ohne ihren positiven Gegenwert Großzügigkeit zum Geiz, umgekehrt verkommt auch Großzügigkeit ohne Sparsamkeit zur Verschwendung"[33]. Werte sind infolgedessen nicht so selbstverständlich, wie man gemeinhin annimmt. Und sie sind auch nicht immer und überall in gleicher Weise positiv zu betrachten: Solidarität beispielsweise gegenüber einem Freund ist auf den ersten Blick unbestritten wichtig und richtig. Handelt es sich bei dem Freund allerdings um einen Attentäter, sieht die Sache ganz anders aus. Mit anderen Worten: Werte sind kultur- und kontextspezifisch. Sie sind abhängig von Raum und Zeit.

Versucht man, diese Zusammenhänge auf die Ehrfurcht vor Gott zu übertragen, so lässt sich schließen: Die Übertreibung einer Ehrfurcht vor Gott ist in einer Bittgläubigkeit zu sehen, wie sie durchaus im Lebensalltag beobachtet werden kann und für die alles andere, was es auf Erden noch gibt, bedeutungslos wird. Im Extremfall mündet eine übertriebene Ehrfurcht vor Gott in einen Fanatismus, der bis hin zu Extremismus und Terrorismus reichen kann. Der Gotteskrieger ist in der Alltagssprache ein Beispiel hierfür. Dementsprechend kann der positive Gegenwert zu einer Ehrfurcht vor Gott in der vernünftigen Freiheit des Menschen gesehen werden, die vor allem in der Aufklärung thematisiert wurde. Die Auffassung, dass der Mensch sich aus seiner selbst verschuldeten Unmündigkeit befreien und durch Vernunft und Tatendrang ein selbstbestimmtes Leben führen kann, ist in diesem Kontext leitend. Die vernünftige Freiheit kann verkommen, wenn sie zu einem Allmachtsdenken führt: Der Mensch und nur der Mensch, zu allem fähig, zu allem in der Lage. Das ist häufig gemeint, wenn von einer Gottlosigkeit die Rede ist und wenn eine aufgeklärte Aufklärung gefordert wird, die diesem Allmachtsdenken des Menschen Einhalt gebietet und ihn an die faktischen Grenzen seines Lebens und seiner Möglichkeiten erinnert.

Die generelle Veränderbarkeit von Werten – von der Vernachlässigung bis zur Übertreibung, von der Missachtung bis zur Verabsolutierung – führt aus einer soziologischen Betrachtungsweise zu unterschiedlichen Schlussfolgerungen: Eine Interpretationsrichtung umfasst den *Werteverfall*. Die Aussage „Früher war doch alles besser!“ dürfte den meisten Menschen aus dem eigenen Alltag bekannt sein. Die 18. Shell-Jugendstudie aus dem Jahr 2019,[34] die eine Repräsentativerhebung mit über 2.500 Jugendlichen im Alter von 12 bis 25 Jahren umfasst, zeichnet „ein differenziertes Bild einer Generation, die sich zu Wort meldet, die ihre Interessen und Ansprüche artikuliert – nicht nur untereinander, sondern auch gegenüber Politik, Gesellschaft und (künftigen) Arbeitgebern“. Für 90 Prozent der befragten Jugendlichen ist „Familie“ eine Bedingung für ein glückliches Leben und somit besonders wichtig. Zudem betonen 97 Prozent der Jugendlichen die Relevanz von „Freundschaft“. Für 71 Prozent ist ein „umweltbewusstes Verhalten“ wichtig. Anhand dieser Studienergebnisse lässt sich die Wahrnehmung einer sinkenden Werteorientierung in der Gesellschaft nicht bestätigen.

Der *Wertewandel* steht im Mittelpunkt einer anderen Perspektive auf die Veränderung der Wertelandschaft. Diese Perspektive beschreibt die Verschiebung von Konformitätswerten hin zu Selbstverantwortlichkeitswerten. Die Ergebnisse der 18. Shell-Jugendstudie untermauern diese Position: „Eigenverantwortlichkeit" erfährt eine Zustimmung von 89 Prozent, und auch das „soziale und politische Engagement" liegt seit Jahren zwischen 33 und 40 Prozent.

Als dritte Richtung ist der *Wertepluralismus* zu nennen. Der Einzelne kann sich nicht mehr an gegebenen Werten orientieren, sondern muss sich selbstverantwortlich zwischen miteinander konkurrierenden Wertsetzungen einen eigenen Weg bahnen. Der Wertepluralismus begegnet jedem Heranwachsenden in seinen zahlreichen und differenzierten Rollen – als Kind, Jugendlicher, Bruder, Schwester, Freund, Schüler, Partner, Konsument usw. – und wird beispielsweise deutlich, wenn in der Schule oder bei einem Freund zuhause andere Regeln als in der eigenen Familie gelten. Auch durch die Medien sind Heranwachsende mit unterschiedlichen Wertsetzungen konfrontiert, denen in der Regel mit Aufgeschlossenheit und Neugier begegnet wird. In der 18. Shell-Jugendstudie heißt es hierzu: „Jugendliche in Deutschland sind weiterhin in ihrer großen Mehrheit tolerant gegenüber anderen Lebensformen, Minderheiten und sozialen Gruppen."

Welcher dieser Interpretationen man auch immer mehr Aufmerksamkeit schenken mag, alle haben auf Erziehungs- und Unterrichtsprozesse entscheidenden Einfluss. Sie zeigen auf, wie wichtig Werteerziehung im Sinn moralischer Urteilsfähigkeit ist. Der Werteverfall ist gekennzeichnet durch die Erosion ehemals selbstverständlicher Werte. Moralische Urteilsfähigkeit gibt dem Individuum in dieser Situation Halt und Orientierung. Bezüglich des Wertewandels kann festgehalten werden, dass moralische Urteilsfähigkeit selbst Bedingung dieser Transformation ist. Erst durch die Fähigkeit, moralische Urteile eigenständig fällen zu können, kann sich ein Wechsel von Konformitätswerten hin zur Selbstständigkeit vollziehen. Diese Selbstständigkeit ist notwendig, soll sich das Individuum im beschriebenen Wertepluralismus moralisch verhalten.

Mit diesen Ausführungen ist bereits eine psychologische Perspektive eingenommen, die vor dem Hintergrund einer Werteerziehung wesentlich ist. Denn unter diesem Blickwinkel geht es nicht nur um die Frage, was Werte sind, sondern vor allem darum, wie sich Menschen Werte aneignen und letztlich nach ihnen handeln. Klassisch sind in diesem Kontext die Studien von Lawrence Kohlberg.[35] Dieser entwickelte ein bis heute in seinen Grundlinien bewährtes und nützliches Stufenmodell einer Entwicklung der moralischen Urteilsfähigkeit. Letztere definiert er als „das Vermögen, Entscheidungen und Urteile zu treffen, die moralisch sind, das heißt auf inneren Prinzipien beruhen, und in Übereinstimmung mit diesen Urteilen zu handeln"[36]. Das Stufenmodell umfasst drei Niveaus mit jeweils zwei Entwicklungsstufen:

Auf *präkonventionellem* Niveau liegt der Beweggrund moralischer Entscheidungen in der Vermeidung möglicher Strafen, im Gehorsam gegenüber Autoritäten sowie in der Durchsetzung eigener Interessen. Auf die Interessen anderer wird lediglich in Wechselwirkung mit den eigenen Interessen Rücksicht genommen. Auf Stufe 1 dominiert eine Orientierung an Bestrafung und Gehorsam; die Einordnung einer Handlung als gut oder böse ist abhängig von den physischen Konsequenzen; als Werte gelten hier Strafvermeidung und Gehorsam. Für Stufe 2 ist eine instrumentelle Orientierung an den eigenen Bedürfnissen charakteristisch. Die Bedeutung von Gerechtigkeit und insbesondere Verteilungsgerechtigkeit wird zwar berücksichtigt, dennoch sind weniger allgemeine Gerechtigkeitsprinzipien als vielmehr die eigenen Interessen maßgeblich.

Auf *konventionellem* Niveau steht die Erhaltung wichtiger Sozialbeziehungen im Vordergrund, wobei das moralische Urteil in den sozialen Erwartungen begründet liegt. Für Stufe 3 ist eine Orientierung an den Interessen wichtiger Sozialpartner, insbesondere Familienmitglieder und Freunde sowie Angehöriger weiterer Primärgruppen, kennzeichnend. Ist die Berücksichtigung der Interessen aller persönlich bekannter Personen in gleichem Maß nicht möglich, bleibt ein auf dieser Stufe noch nicht lösbarer Konflikt. Mit Stufe 4 geht eine Erweiterung der Orientierung einher: von wichtigen Sozialpartnern auf übergreifende Systeme wie Staat und Religionsgemeinschaft. Zum obersten Gebot wird die Erfüllung der Anforderungen eines gegebenen Ordnungs- und Rechtssystems.

Das *postkonventionelle* Niveau zeichnet sich durch die Erkenntnis aus, dass das System selbst, in das der Mensch verflochten ist, veränderlich ist. Dies hat zur Folge, dass das System nicht mehr zweifelsfrei als richtig und verteidigungswert angesehen wird. Auf diesem Niveau wird die Egozentrizität abgelegt und es ist ein Streben nach Prinzipien erkennbar, die Gültigkeit über die eigene Gemeinschaft hinaus bis hin zur Universalität beanspruchen. Auf Stufe 5 wird das System in Form eines Gesellschaftsvertrags verstanden, der von den Beteiligten variiert werden kann. Auf dieser Stufe gewinnen utilitaristische Überlegungen an Bedeutung, indem erkannt wird, dass soziale Systeme zum Nutzen der Mitglieder bestehen und eine Maximierung dieses Nutzens angestrebt wird. Das demokratische Modell rückt insbesondere bei der Entscheidungsfindung in den Vordergrund, so dass hier eine andere Dimension der Gerechtigkeit zum Tragen kommt. Als unumstößlich werden die Menschenrechte angesehen. Für Stufe 6 ist die aktive Suche nach universalen moralischen Prinzipien charakteristisch, die, wie die Goldene Regel oder der kategorische Imperativ von Immanuel Kant, ideell sind. Anzumerken ist an dieser Stelle, dass diese Stufe durch empirische Untersuchungen kaum belegt werden konnte und auch von Lawrence Kohlberg mehrfach umformuliert wurde.

Untersuchungen haben gezeigt, dass Grundschulkinder ihr Handeln mehrheitlich auf präkonventionellem Niveau rechtfertigen. Die meisten Jugendlichen und Erwachsenen befinden sich auf den Entwicklungsstufen des konventionellen Niveaus. Einige Erwachsene setzen sich auf postkonventionellem Niveau mit Handlungsmaximen auseinander. Folgende Tabelle fasst das Stufenmodell von Lawrence Kohlberg noch einmal zusammen:

Präkonventionelles Niveau (Grundschulkinder)
Stufe 1: Orientierung an Strafe und Gehorsam
Stufe 2: Orientierung an der Gegenseitigkeit des Handelns

Konventionelles Niveau (die meisten Jugendlichen und Erwachsene)
Stufe 3: Orientierung an interpersoneller Eintracht
Stufe 4: Orientierung an Gesetz und legaler Autorität

Postkonventionelles Niveau (einige Erwachsene)
Stufe 5: Orientierung an sozialen Verträgen und individuellen Rechten
Stufe 6: Orientierung an allgemeingültigen ethischen Prinzipien

Das Modell der Entwicklung moralischer Urteilsfähigkeit nach Kohlberg gibt der Werteerziehung eine empirisch gesicherte Grundlage. Es ermöglicht entwicklungsgerechte Erziehungs- und Unterrichtsprozesse. Lernen wird im Sinn von Kohlberg als der Übergang von einer Entwicklungsstufe zur nächsten begriffen. Durch den Umbau und die Ausdifferenzierung von kognitiven Strukturen kann der Lernende bislang unlösbare Probleme auf einer höheren Entwicklungsstufe moralischer Urteilsfähigkeit meistern.

Georg Lind[37] rückt das entwicklungspsychologische Stufenmodell Kohlbergs noch stärker in einen pädagogischen Kontext, erweitert es aber auch in theoretischer Hinsicht zum sogenannten „Zwei-Aspekte-Modell". Demnach umfasst Moralität die „Fähigkeit, in

Bezug auf die eigenen moralischen Ideale konsistent und in Bezug auf die jeweilige Situation angemessen (differenziert) zu urteilen und zu handeln". Für die Anwendung moralischer Prinzipien werden kognitive Fähigkeiten benötigt. Aus ihrem Zusammenspiel resultiert moralisches Verhalten.

Ausgangspunkt für diese theoretischen Überlegungen sind Linds Untersuchungsergebnisse, wonach (nahezu) alle Menschen, auch wenn sie gegen Werte, Normen oder sogar gegen das Gesetz verstoßen, über moralische Grundsätze verfügen. Es mangelt also allein an der kognitiven Fähigkeit, moralische Konfliktsituationen überhaupt zu erkennen und darin entsprechend handeln zu können. Dem Ansatz von Lind folgend hängt es von der Qualität der kognitiven Struktur ab, ob und inwiefern moralische Prinzipien zu adäquatem Handeln führen. Das Individuum muss in der Lage sein, die affektiv vorhandenen moralischen Prinzipien gedanklich auf die konkrete Handlungssituation anzuwenden. Es reicht demnach nicht aus, dem Lernenden bestimmte Werte zu vermitteln und sein „Gefühl" für Recht und Unrecht zu stärken. Wie oben grafisch dargestellt, muss eine Werteerziehung neben der bloßen Vermittlung moralischer Prinzipien auch zur Bildung moralischer Fähigkeiten beitragen.

In ihren Zielsetzungen und Vorstellungen zur Umsetzung dieser Forderung sind Konzepte der Werteerziehung oft gegensätzlich. Im Allgemeinen lassen sich drei Wege einer Werteerziehung unterscheiden: der *romantische* Ansatz, der *technologische* Ansatz und der *progressive* Ansatz. Sie unterscheiden sich hinsichtlich des ihnen zugrundeliegenden Menschenbildes und der daraus folgenden Werten, Normen und Methoden. Schulische Bildungs- und Erziehungsarbeit steht angesichts dieser Vielfalt vor einem Entscheidungsproblem: Nach welchem Konzept der Werteerziehung soll sie ihr Handeln ausrichten? Ein *integrativer* Ansatz, der versucht, dieses Dilemma durch eine „eklektische" Haltung aufzulösen, kann als vierter Ansatz den drei etablierten beigegeben werden:

Dem romantischen Ansatz liegt die Annahme zugrunde, dass das Gute im Menschen veranlagt ist, wohingegen das Böse im Individuum erst durch gesellschaftliche Einflüsse entsteht. Man erkennt die Nähe zu Jean-Jacques Rousseau und seiner negativen Erziehung: „Der Mensch ist von Natur aus gut." Insofern sieht der romantische Ansatz im Kind den reinen Menschen. Aufgabe pädagogischen Handelns ist es hier, durch möglichst wenig Eingriffe, die sich in erster Linie auf die Abwehr schädlicher Einflüsse beschränken, die im Menschen liegenden positiven Potenziale zur Entfaltung zu bringen. Bestes Beispiel sind gegenwärtig Jugendschutzrichtlinien des Gesetzgebers, die verhindern sollen, dass Kinder und Jugendliche zu früh gewisse Erfahrungen sammeln, die ihren Entwicklungsprozess nachhaltig hemmen können. Zu kritisieren ist der romantische Ansatz aufgrund seines Postulates, Moral sei eine ausschließlich persönliche Angelegenheit und entwickle sich von selbst nach einem Plan der Natur, wenn es nur gelinge, alles Unheil vom Heranwachsenden fernzuhalten. Damit übersieht er, dass Normen dazu da sind, das Zusammenleben der Menschen zu ermöglichen, und dass deshalb unter diesem Gesichtspunkt manche Auffassungen nicht zu rechtfertigen sind.

Der technologische Ansatz verkehrt das Postulat des romantischen Ansatzes ins Gegenteil: Hier wird im Sinne John Lockes davon ausgegangen, dass der Mensch eine Tabula rasa ist. Der Mensch ist also von aus Natur weder gut noch böse – es ist die Aufgabe der Erziehenden, den Heranwachsenden zu einem guten Menschen zu machen. Dies geschieht häufig, indem die durch gesellschaftliche Konventionen gegebenen Werte dem Lernenden eingeflößt werden und ihm somit ein Stempel aufgedrückt wird. Reiz-Reaktions-Ketten, wie man sie in der Psychologie aus dem Behaviorismus kennt, und das damit verbundene Lernen am Modell spielen hierbei eine große Rolle. Das wesentliche Ziel dieses Ansatzes kann darin gesehen werden, den Menschen zur sozialen Ordnung zu disziplinieren. Auch dieser Ansatz lässt sich aktuell vielfach beobachten, wenn beispielsweise Fußballstars zu „Helden“ einer vermeintlichen Fairness werden oder Musik- und Filmsternchen für Kinder und Jugendliche eine Vorbildfunktion in Hinblick auf Aussehen, Denken und Handeln übernehmen. Kritikpunkt am technologischen Ansatz ist die fehlende Differenzierung zwischen einer reflektierenden Internalisierung von Werten und einer opportunistischen Anwendung der jeweiligen Handlungsmaximen. Der technologische Ansatz zielt nicht auf die Mündigkeit des zu Erziehenden ab. Insofern kann eine an ihm orientierte Werteerziehung zum Ergebnis haben, dass Lernende zwar gemäß geltender Werte handeln, diese jedoch nicht nachvollzogen und nicht verstanden haben.

Der progressive Ansatz ist kognitivistisch bzw. konstruktivistisch begründet und basiert auf der oben beschriebenen moralpsychologischen Entwicklungstheorie Lawrence Kohlbergs. Werte sind hier dem Menschen weder von Natur aus eingepflanzt, noch durch technologische Griffe und Methoden, und seien sie noch so geschickt, einprägbar. Vielmehr entstehen Werte im Diskurs einer Gemeinschaft und müssen unter veränderten Vorzeichen jedes Mal aufs Neue argumentativ ausgehandelt werden. Moralische Urteilsfähigkeit ist hierfür entscheidend. Infolgedessen richtet eine entsprechende Werteerziehung ihr Hauptaugenmerk auf deren Förderung. Ziel ist es, den Lernenden zum Erreichen einer höheren Entwicklungsstufe moralischer Urteilsfähigkeit zu befähigen. Aktuell wird dieser Ansatz an allen Methoden ersichtlich, die versuchen, Kinder und Jugendliche aufzufordern, sich kritisch-konstruktiv mit Werten auseinanderzusetzen. Mit dieser Ausrichtung ist bereits der Ausgangspunkt für die Kritik gegeben. Denn es ist unstrittig, dass die moralische Urteilsfähigkeit immer vom Entwicklungsstadium abhängt und insofern nur langsam und schrittweise, wenn auch sicher, eine diskursive Auseinandersetzung mit Werten möglich ist.

Wie soll Werteerziehung mit den heterogenen Zielsetzungen der beschriebenen Ansätze umgehen? Verliert sich Werteerziehung in der Pluralität existierender Konzepte? Deutlich dürfte geworden sein, dass keiner der vorgestellten Ansätze für sich alleine stehen kann. Denn jeder stößt auf Begrenzungen und Verkürzungen. In gleicher Weise kann aber auch keinem von ihnen völlige Untauglichkeit attestiert werden, so dass sich die Frage nach einer Verbindung und Integration dieser Positionen stellt. Wie kann diese aussehen und nach welchen Prämissen ist sie zu gestalten? Ein integrativer Ansatz zielt darauf ab, dieses Problem zu lösen.

Ausgangspunkt ist die Einsicht, dass kein Ansatz der Werteerziehung für sich Allgemeingültigkeit beanspruchen kann, sondern jeder für eine bestimmte Phase im Leben eines Menschen Bedeutung hat. Grundlage hierfür ist eine „eklektische" Haltung, die von Offenheit, Toleranz, Mäßigung und Bescheidenheit getragen wird. Damit ist gemeint, dass „man für neue Ideen, aber auch für Kritik aufgeschlossen sein soll; dass man einsehen soll, dass Auffassungen, die man zurückweist, wohl auch etwas Gutes haben; dass man nicht glauben soll, die Weisheit gepachtet zu haben, sondern den eigenen Beitrag als etwas sieht, das vielleicht ein Teil werden kann in einem integrativen Ganzen, das selbst wiederum mehr ist als die Summe seiner Teile".[38]

Dementsprechend geht der integrative Ansatz vertikal-additiv vor und betrachtet die unterschiedlichen Ansätze der Werteerziehung aus einer Entwicklungsperspektive. Ziel ist die widerspruchsfreie Integration des romantischen, technologischen und progressiven Ansatzes, um deren Bedeutung für bestimmte Phasen des Lebens anerkennen und nutzen zu können.

- Der romantische Ansatz hat Relevanz, da ohne dessen Annahme, dass der Mensch auch die Anlage zum Guten besitzt, Werteerziehung von vornherein ad absurdum geführt wird. Insofern bildet diese These die Grundlage für einen integrativen Ansatz.
- Der technologische Ansatz hat in den ersten Lebensjahren, also im Elementar- und Primärbereich, in denen die kognitive Entwicklung des Kindes noch nicht so ausgreift ist und Lernen häufig durch Nachahmung passiert, Priorität. Das Kind „braucht Struktur und Klarheit, feste Regeln und Rituale und soll sich sicher fühlen in einer Welt, die moralisch von den Erwachsenen geprägt wird".[39]
- Der progressive Ansatz muss spätestens im Sekundarbereich einsetzen, also sobald das Kind in der Lage ist, Rollen zu übernehmen, den Standpunkt zu wechseln und sich kritisch mit der eigenen Auffassung, aber auch mit der, die in Schule, Familie, Kultur und Gesellschaft vorherrscht, auseinanderzusetzen.

Der integrative Ansatz umfasst folglich Aspekte – nicht die Reinform – romantischer, technologischer und progressiver Werteerziehung. Der sich auf den ersten Blick aufdrängende Widerspruch der einzelnen Ansätze kann beseitigt werden, wenn über alle Lebensphasen hinweg eine gemeinsame und verbindliche Vorstellung vom moralischen Menschen zugrunde gelegt wird. Und dieses grundlegende Menschenbild ist in unserer Gesellschaft mit den eingangs genannten Werten umschrieben: die Würde des Menschen, die Freiheit der Person, die Gleichheit vor dem Gesetz, die Glaubensfreiheit, die Meinungsfreiheit u. v. a.m. Diese Aspekte müssen von Anfang an jede Form der Werteerziehung bestimmen.

Mit Blick auf den romantischen Ansatz ist davon auszugehen, dass genau diese Eigenschaften das Gute im Menschen ausmachen, dass sie im Individuum als Gabe veranlagt sind und ihre Entfaltung eine lebenslange Aufgabe ist. Im Sinn des technologischen Ansatzes werden viele Werte in den ersten Lebensjahren durch Vorbilder vermittelt. Diese müssen sich folglich auch an den genannten Werten orientieren, sie zum Maßstab ihres Handelns machen und sich daran messen lassen. Dies schließt die Transparenz der eigenen Werte ein und verlangt von Anfang an eine entsprechende Reflexion und Diskussion mit allen Beteiligten. Gemäß des progressiven Ansatzes müssen dieser Diskurs und diese Reflexion bezüglich geltender Werte mit zunehmendem Alter verstärkt gefördert werden, obschon sie von Anfang an Berücksichtigung finden müssen. Demokratie und Freiheit, um lediglich zwei Werte nochmals herauszugreifen, sind vor diesem Hintergrund nichts Unveränderliches, sondern Gegenstand von Verhandlung und Neubestimmung jeder nachwachsenden Generation. Je nach Alter und Entwicklungsstufe der zu erziehenden, zu lehrenden Person hat je ein Ansatz folglich seinen Schwerpunkt. Ein Ausblenden dieser Gegebenheiten würde jede Werteerziehung reduktionistisch werden lassen.

Der integrative Ansatz einer Werteerziehung macht in besonderer Weise auf die Notwendigkeit der Kooperation von Schule, KiTa, Kindergarten, Vereinen, Kirchen, Familien und anderen Orten der Bildung aufmerksam, geht er doch davon aus, dass erstens verschiedene Institutionen für eine Werteerziehung wichtig sind und zweitens zwischen diesen ein Grundkonsens mit Blick auf das Menschenbild in der Werteerziehung hergestellt werden muss. Werteerziehung auf der Basis eines integrativen Ansatzes kann nur gelingen, wenn sich alle daran Beteiligten über entsprechende Ziele, Inhalte und Methoden austauschen und verständigen. Der Artikel 131 BV kann hierfür eine wichtige Grundlage sein, sofern er immer wieder öffentlich diskutiert und an aktuelle Herausforderungen gekoppelt wird.

8. Unterrichtsqualität als Schlüssel für erfolgreiche Erziehung zu Ehrfurcht vor Gott

Eine schulpädagogische Position wird nun mit der Frage eingenommen, wie die genannten Ansätze einer Werteerziehung wirksam werden. Dabei möchten wir auf die Arbeiten mit John Hattie[40] eingehen. Dieser hat vor mehreren Jahren mit „Visible Learning" begonnen, den größten Datensatz der empirischen Bildungsforschung auszuwerten, der jemals in einer Studie erhoben worden ist. Die zentrale Frage dabei: Was wissen wir angesichts der Vielzahl an empirischen Studien über die Wirksamkeit von Schule und Unterricht?

Waren es im Jahr 2009 etwa 800 Meta-Analysen mit ca. 50.000 Einzelstudien, die Hattie zusammengetragen hat, sind es heute bereits über 2.100 Meta-Analysen mit ca. 125.000 Einzelstudien. In der Summe umfasst „Visible Learning" die Daten zu Lernleistungen von etwa 400 Millionen Lernenden.

Im Zug einer Synthese dieser Meta-Analysen wird der Versuch unternommen, Kernbotschaften zu formulieren. Die wichtigsten lauten:

Strukturmaßnahmen, wie beispielsweise die Reduzierung der Klassengröße oder die bessere finanzielle Ausstattung der Schulen, wirken für sich alleine genommen wenig. Reduziert man beispielsweise die Klassengröße – was man schon wegen der bloßen Verringerung der Belastung auf Seiten von Lehrpersonen befürworten kann –, ohne dass die Lehrperson in der Folge ihren Unterricht wesentlich ändert, hat das wenig Auswirkungen auf den Lernerfolg von Schülerinnen und Schülern. In ähnlicher Weise verhält es sich mit der finanziellen Ausstattung einer Schule: So wichtig diese ist und so sehr man dafür eintreten muss, mehr Geld zur Verfügung zu haben – die Wirksamkeit dieses Faktors zeigt sich erst, wenn bekannt ist, wofür das Geld ausgegeben wurde. Insofern sind es immer die Menschen, als Entscheider und Handelnde, die Strukturen zum Leben erwecken.

Entscheidend und damit wirksamer ist die Unterrichtsqualität, die letztlich Strukturen zum Leben erweckt. Damit wird der Fokus auf die Professionalität von Lehrpersonen gelenkt, wenn es um schulische Leistung der Lernenden geht. Wodurch zeichnet sich ein hohes Maß an Professionalität aus? Eine Expertenlehrperson ist nicht zwangsläufig diejenige, die ein ausgeprägtes Fachwissen hat, sondern sie muss auch in der Lage sein, mit den Lernenden in einen Dialog zu treten und eine Beziehung zu ihnen aufzubauen. Sie muss es verstehen, ihr Wissen in die Sprache der Schülerinnen und Schüler zu übertragen. Das Zusammenspiel von Fachkompetenz, pädagogischer Kompetenz und didaktischer Kompetenz ist damit gemeint: Die Expertise wird im pädagogischen Kontext dadurch sichtbar, dass das Handeln der Lehrperson durch Fürsorge, Kontrolle und Klarheit gekennzeichnet ist, dass ihr Unterricht Herausforderungen bietet, Faszination auslöst, dabei den Meinungen der Schülerinnen und Schüler Gehör verleiht und zu solidem Wissen führt. Beispielsweise lässt sich zeigen, dass Expertenlehrpersonen deutlich mehr herausfordernde Aufgaben stellen, die eine Anwendung des erworbenen Wissens sowie dessen Übertragung auf bisher unbekannte Sachverhalte erfordern, während Nicht-Experten sich häufig auf Aufgaben beschränken, in denen das Erlernte bloß wiedergegeben werden muss.

Im Kern geht es bei dieser Expertise um die gelebte Leidenschaft für das Lernen, um Klassenräume und dort gemachte Erfahrungen, die alle Schülerinnen und Schüler dazu animieren, gerne wiederzukommen sich zu engagieren und in das Lernen zu investieren. Expertise in diesem Sinn hängt nicht von den Berufsjahren und nicht vom Arbeitsaufwand ab. Entscheidend ist, zu wissen, wie man als Lehrperson positiv herausfordernde Ziele setzt, zu verstehen, wo man die Lernenden abholen muss und wie es gelingen kann, die Lücke zwischen dem Wissensstand, mit dem sie anfangen, und dem, zu dem sie hinkommen wollen, zu schließen.

Zehn Leitsätze lassen sich im Anschluss an die angestellten Überlegungen nennen:

(1) Erfolgreiche Lehrpersonen reden über Lernen, nicht über Lehren und beginnen und enden ihre pädagogischen und didaktischen Überlegungen beim Lernenden. Sie berücksichtigen dabei das Vorwissen und die Vorerfahrungen der Lernenden und gestalten ihren Unterricht so, dass er auf diesen aufbauend eine größtmögliche Passung mit dem Lernstand der Lernenden bewirkt.

(2) Erfolgreiche Lehrpersonen setzen Herausforderungen und gestalten Lernprozesse weder zu leicht noch zu schwer. Das Ziel ist es, eine optimale Passung zwischen Vorwissen und Anforderungsniveau herzustellen und Lernen möglichst herausfordernd zu machen.

(3) Erfolgreiche Lehrpersonen sehen Lernen als harte Arbeit und ermöglichen vielfältige, regelmäßige und herausfordernde Phasen der Übung. Lernen soll nicht ausschließlich in die Hände der Lernenden verlagert werden. Vielmehr soll Unterricht Möglichkeiten eröffnen, um bewusst zu lernen.

(4) Erfolgreiche Lehrpersonen sehen Unterricht als Interaktion, die auf Wertschätzung beruht, und investieren insofern in den Aufbau positiver Beziehungen. Auch in einer Ganztagsschule ist es daher wichtig, dass sich die Lehrpersonen um positive Interaktionen und Gespräche mit den Lernenden bemühen, die einen Großteil ihrer Zeit in der Schule verbringen.

(5) Erfolgreiche Lehrpersonen sehen Unterricht nicht als Einbahnstraße, sondern als Dialog. Sie ermöglichen kooperatives

Lernen und kennen vielfältige Methoden, um Klassengespräche gewinnbringend einzusetzen.

(6) Erfolgreiche Lehrpersonen informieren Lernende und Eltern über die Sprache der Bildung. Jede Lehrperson ist ein Experte von Lernen und Lehren und weiß auch über die Besonderheiten einer Ganztagsschule Bescheid. Dieses Wissen gilt es zu teilen, so dass auch die Lernenden davon profitieren können.

(7) Erfolgreiche Lehrpersonen sehen sich als Veränderungsagenten und setzen Methoden nicht um der Methoden willen ein, sondern immer vor dem Hintergrund der Lernsituation. Es gilt der Grundsatz, dass Medien und Methoden so eingesetzt werden, dass sie zur Zielerreichung optimal beitragen.

(8) Erfolgreiche Lehrpersonen geben und fordern Rückmeldung, weil Feedback für sie nicht nur ein wichtiges Instrument ist, sondern eine Grunddimension von Unterricht. Sie geben und erhalten Feedback von den Lernenden und reflektieren dieses zeitnah, um gegebenenfalls den Unterricht anpassen zu können.

(9) Erfolgreiche Lehrpersonen sehen Schülerleistungen als Rückmeldung für sich und über sich und bringen sowohl den Lernerfolg als auch Fehler im Lernprozess immer in Verbindung mit ihrem Denken und Tun.

(10) Erfolgreiche Lehrpersonen arbeiten zusammen. Sie streben nach einer gemeinsamen Vision von Bildung und sehen Schul- und Unterrichtsqualität als kollektive Aufgabe. Die Schritte der Umsetzung werden dafür gemeinsam definiert und immer wieder hinterfragt. Alle Formen von Evidenz dienen dabei als Diskussionsgrundlage.

Eine erfolgreiche Werteerziehung zeichnet sich, dies sei zusammenfassend gesagt, dadurch aus, dass sie erstens einen integrativen Charakter aufweist, indem sie sowohl romantische, technologische und progressive Elemente enthält, und diese zweitens von Lehrpersonen professionell implementiert werden. Der Anspruch in Artikel 131 BV ist vor diesem Hintergrund hoch, denn Absatz 1 fokussiert auf ein umfassendes Bildungsverständnis, das sich nicht auf Wissen und Können reduzieren lässt, sondern den ganzen Menschen in den Blick nimmt. Dieses Bildungsverständnis ist damals wie heute programmatisch als Bildungs- und Erziehungsauftrag und zugleich visionär angesichts der Herausforderungen des 21. Jahrhunderts, die allesamt eine Wertedimension enthalten.

Den obersten Bildungszielen nach Art. 131 BV liegt ein Menschenbild zugrunde, in dessen Zentrum die Achtung vor der Würde des Menschen steht. Kinder und Jugendliche werden in ihrem schulischen Bildungsprozess von ihren Lehrerinnen und Lehrern dabei unterstützt, sich zu verantwortungsbewussten, hilfsbereiten sowie aufgeschlossenen Erwachsenen zu entwickeln, die sich als mündige Bürgerinnen und Bürger für die Werte unserer Verfassung einsetzen und sich für Demokratie, Gesellschaft und Staat engagieren.

„Ehrfurcht vor Gott“ bildet dabei zusammen mit der Achtung vor religiöser Überzeugung sowohl Grundlage als auch Zielperspektive schulischer Bildung und Erziehung.

Sie lässt sich nur unter Beachtung des Toleranzgebotes (vgl. z. B. Art. 136 Abs. 1 BV) und der Glaubens- und Bekenntnisfreiheit aller Menschen (Art. 107 BV) verstehen. Vor dem Hintergrund des staatlichen Neutralitätsgebots ist es unabdingbar, dass jede Form von ‚Indoktrination‘ im Sinne einer gezielten Manipulation zugunsten einer bestimmten politischen, ideologischen oder weltanschaulichen Richtung unterbunden werden muss. In der offenen Gesellschaft muss Schule zur Kenntnis nehmen und berücksichtigen, dass die „Ehrfurcht vor Gott“ im Sinne einer bestimmten Religion weniger denn je für alle verbindlich ist und auch nicht erwartet oder gar aufgezwungen werden darf.

Ziel der Schule im Sinn des Grundgesetzes und der Länderverfassungen ist es vielmehr, den Schülerinnen und Schülern auf der Suche nach einem sinnerfüllten Leben konkrete Antworten auf ihre

Fragen nach dem Sinn des Lebens zu geben, von der ausgehend sie ihr Leben in altersgemäßer Weise verantwortungsbewusst gestalten können. Gerade in unserer pluralistischen Gesellschaft treiben bereits Kinder und Jugendliche existentielle Grundfragen um, die in menschlichen Grenzsituationen besonders dringlich werden und pädagogisch aufgegriffen werden müssen. Religionen eröffnen seit jeher eine zentrale Option, das eigene Leben und die Welt insgesamt in Orientierung und ggf. auch Beziehung zu einer überweltlichen Instanz sinnerfüllt zu erfahren und davon ausgehend das Leben mit Selbstwertgefühl zu gestalten, Herausforderungen anzunehmen, Hürden zu überwinden und gemeinsam mit anderen Menschen die Welt human, sozial und nachhaltig zu gestalten.

Lehrerinnen und Lehrer werden daher mit Behutsamkeit und Sensibilität, Offenheit und Toleranz ihre Schülerinnen und Schüler begleiten und unterstützen, sie aber niemals überwältigen. Dabei können folgende Haltungen angebahnt und Kompetenzen erworben werden:

„Die Schülerinnen und Schüler

- beginnen bereits in der Grundschule, erste existentielle Fragen zu bedenken und zu stellen (z. B. Wo komme ich her? Warum bin ich auf der Welt?). In vielfältigen Formen des Nachdenkens gehen sie diesen alleine und in der Auseinandersetzung mit anderen nach,
- akzeptieren ihrem Alter angemessen unterschiedliche Meinungen und setzen sich mit dem Denken anderer kritisch auseinander,
- respektieren kulturelle Unterschiede sowie unterschiedliche religiöse und nicht-religiöse Weltanschauungen, erkennen mit zunehmendem Alter aber auch die Gefahren von Extremismus,
- verstehen wesentliche religiöse Glaubensinhalte sowie Gemeinsamkeiten und Unterschiede zwischen den Weltreligionen,

- erkennen, dass der menschlichen Existenz Grenzen gesetzt sind und der Glaube an Gott mit der Vernunft vereinbar ist,
- nehmen die Welt bewusst wahr, denn im Aufmerksamwerden (Achtsamkeit) und im Sichöffnen erschließt sich ihnen die Umwelt,
- vertreten ihre eigene Gewissens- und Glaubensüberzeugung, respektieren dabei aber den anderen in seiner Überzeugung und verletzen ihn nicht,
- treten dafür ein, dass niemand wegen seiner religiösen Anschauung benachteiligt oder bevorzugt wird,
- machen sich eine altersgerechte Vorstellung vom Gerechten und Guten.
- Dafür überprüfen sie auch die ethischen Grundaussagen der Weltreligionen zu zentralen Fragen des Lebens."[41]

In diesem Verständnis ist das Bildungsziel „Ehrfurcht vor Gott" nicht nur vorgeschaltet, sondern bildet das Fundament, den prägenden Rahmen und den roten Faden aller weiteren Bildungs- und Erziehungsziele, was im Folgenden am Beispiel des Artikel 131 BV aufgezeigt werden soll.

Das Grundgesetz definiert die Achtung vor der Würde des Menschen als oberstes Leitprinzip (vgl. Art. 1 GG). Dementsprechend steht sie auch im Bildungs- und Erziehungsauftrag an vorderer Stelle, aber eben nicht an erster. Das Individuum mit seinen Freiheits- und Abwehrrechten ist dem Staat vorgeordnet – seine Würde bildet das Fundament und die Grenze staatlichen Handelns. So unantastbar und unbegrenzt die Würde des Menschen auch ist, so ist sie dennoch nicht voraussetzungslos einfach gegeben, sondern im Hinblick auf die Endlichkeit und Begrenztheit des Menschen in einen größeren Kontext und Horizont gestellt. Der Mensch interpretiert und gestaltet sein Leben von Gott her, der eine unverfügbare und übergreifende Wirklichkeit darstellt, von der her der Mensch als Einzelner und die Menschheit als Ganze ihren unfassbaren Wert bezieht.

Daher sind die sozialen Bildungs- und Erziehungsziele im Gefolge dieses Leitwertes nicht einfache Tugenden, die junge Menschen aus Anpassung, Kalkül oder Tradition anwenden sollen, sondern Ausdruck ihrer Haltung gegenüber dem unschätzbaren Wert des menschlichen Lebens, das sich Gott verdankt und daher nicht nur Ergebnis von Fortpflanzung und Zufall ist: „Oberste Bildungsziele sind … Achtung … vor der Würde des Menschen, Selbstbeherrschung, Verantwortungsgefühl und Verantwortungsfreudigkeit, Hilfsbereitschaft." (Art. 131 Abs. 2 BV).

Achtung vor der Würde des Menschen im Horizont seiner Ehrfurcht vor Gott meint deshalb mehr als soziales Wohlverhalten: „Die Heranwachsenden sollen also lernen, sich in ihrer Einzigartigkeit mit ihren Bedürfnissen ernst zu nehmen, diese aber nicht egoistisch und rücksichtslos durchzusetzen. Vielmehr muss ihnen bewusst sein, dass das Glück jedes Einzelnen auch vom Gelingen menschlicher Beziehungen abhängt. Damit gilt es, auch dem anderen seine Individualität und Freiheit zuzugestehen und ihm verantwortungsvoll gegenüberzutreten. Gesellschaftliches Miteinander kann nur gelingen, wenn sich Menschen für ihr Gegenüber verantwortlich fühlen und sich im Umgang mit ihm aufgeschlossen, verständnisvoll und hilfsbereit erweisen."[42]

In gleicher Weise gilt dies für die weiteren Bildungs- und Erziehungsziele:

- *„Aufgeschlossenheit für alles Wahre, Gute und Schöne"*:
  Der Mensch sehnt sich nach der Erkenntnis des Richtigen, des moralisch Hochwertigen und des ästhetisch Ansprechenden. Dies lässt sich zwar anschaulich zeigen und personal vermitteln, bedarf jedoch weiterer Haltungen, die sich aus der Ehrfurcht ergeben: Offenheit und Interesse, Bereitschaft, sich mit Gegebenem auseinanderzusetzen und für sich selbst einen Standpunkt zu finden. Kurzum: Kinder und Jugendliche begegnen Neuem und ganz Anderem mit einer Haltung der

Aufgeschlossenheit und der Freude, des Wohlwollens und der Bereitschaft, die bisherigen Erfahrungen im Licht des Neuen zu verstehen, ggf. zu korrigieren und zu erweitern. Die Begegnung mit den Errungenschaften menschlicher Zivilisation und Kultur stellt daher eine existenzielle Verbindung mit der Schöpfung dar, die über all das hinausweist, was der Mensch selbst produzieren kann.

- *„Verantwortungsbewusstsein für Natur und Umwelt"*:
  Nicht die Klimakatastrophe mit ihrer apokalyptischen Bedrohung, dass Leben auf unserer Erde nicht mehr möglich und das Ende unseres Planeten besiegelt ist, sondern die Ehrfurcht vor der Schöpfung ist die entscheidende Triebkraft für Umweltbildung und Globales Lernen. So ist Nachhaltigkeit die wichtigste Perspektive, die aktionistische Projekte und regional begrenztes Symbolhandeln überwinden soll. „Ehrfurcht vor Gott" wird zur exklusiven Motivation, seine Schöpfung zu achten, zu bewahren und fortzusetzen. Ein Lebensstil in Aufmerksamkeit, Bescheidenheit, Demut, Konzentration und Verzicht resultiert aus jener Haltung gegenüber einer transzendenten Instanz, von der her alles kommt und auf die hin alles hinausläuft. Ein nachhaltig orientiertes Handeln des Menschen entspricht einer Position der Dankbarkeit und der Verantwortung, zu der schulische Bildung und Erziehung in unüberschätzbarer Weise beiträgt.
- *„Bekenntnis zum Geist der Demokratie, Liebe zur bayerischen Heimat und zum deutschen Volk; Bekenntnis zum Geist der Völkerverständigung"*
  Wenn sich der Mensch von Gott geschaffen, begleitet und auf ihn hingeordnet weiß, so ist diese Haltung nicht individualistisch oder exklusiv, sondern trifft auch auf die ganze Menschheit zu. Gerade Kinder und Jugendliche brauchen Wurzeln, lebendige Begegnungen, stabile Beziehungen und verlässliche Orte der Geborgenheit und soziale Gefüge, in denen sie sich entwickeln können. Unsere Demokratie trägt diesen urmenschlichen Bedürfnissen in besonderer Weise Rech-

nung. Volk und Recht, Kultur und Sozialstaat, Partizipation und Repräsentation entsprechen dieser zentralen Stellung des Menschen in besonderer Weise. Doch auch politische Konstrukte sind nicht Ergebnis pragmatischer Entscheidungen oder rationaler Abwägungsprozesse. Gerade die Entstehung unserer Demokratie nach der Katastrophe der Nazi-Diktatur und des Zweiten Weltkrieges haben uns gezeigt, dass das „Bewusstsein der Verantwortung vor Gott und den Menschen“ (vgl. Präambel) eine unverzichtbare Grundhaltung ist, aus der heraus sich eine menschliche Gesellschaft und ein stabiles Staatswesen erst auf Dauer errichten lassen. Demokratisches Denken und Handeln, politische Verantwortung, Zuneigung zur regionalen und menschlichen Umwelt, die Bereitschaft zu Weltoffenheit und Friedfertigkeit lassen sich nicht verordnen und auch nicht in ein paar Wochenstunden Politischer Bildung vermitteln. Der Mensch als „zoon politikon“ wird sich erst dann als Staatsbürger einbringen, eine emotionale Nähe zu seiner Heimat und seinem Volk entwickeln und offen für globale Begegnungen sein, wenn er aus jener Haltung lebt, die in der Menschheit Brüder und Schwestern erkennt, die ihr Dasein Gott verdanken, sich von ihm begleitet wissen und darauf hoffen, dass auch der Tod nicht ihr Ende ist.

9. Braucht Ehrfurcht vor Gott überhaupt Religionsunterricht?[43]

Historisch betrachtet waren in Deutschland über Jahrhunderte die Kirchen die gemeinschaftlichen Orte des Glaubens. Freilich muss man nicht in einer Kirche sein, um zu glauben, obschon Glaubensinhalte, religiös begründete Werte und Normen und besonders Rituale sinnstiftend wirken, um den Glauben auch aktiv und bewusst zu leben. Die Gemeinschaft der Gläubigen ist wertvoll für den Glauben jedes Einzelnen.

Angesichts dieser Bedeutung des Glaubens für den Menschen liegt es auf der Hand, dass Glaube als menschliche Haltung und Praxis sowie Religion als Unterrichtsfach zum Bildungs- und Erziehungsauftrag gehören. Schule hat die Aufgabe, den Menschen in allen Dimensionen zu fordern und zu fördern. Wer nur das Kognitive in den Blick nimmt, reduziert den Menschen auf eine einzige Dimension, was letztlich inhuman ist: Sie verkennt nicht nur die Vielzahl an Persönlichkeitsbereichen, sondern auch die Wechselwirkung zwischen diesen. Nur Wissen alleine macht den Menschen nicht zum Menschen.

Nun sind Schulen keine Kirchen. Selbstverständlich sind sie nicht für Glaubensverkündigung und Sakramentenspendung gemacht. Der Religionsunterricht stellt deshalb auch kein Lobbyinteresse von Kirchen dar. Im Gegenteil: Er kostet Millionen, ohne dass sich das für die Kirchen finanziell lohnt – ein betriebswirtschaftlich gigantisches Verlustgeschäft. Und von Überwältigung keine Spur. Im Schuljahr 2021/22 Deutschland besuchten trotz Ersatzfach Ethik rund 65 Prozent aller Schülerinnen und Schüler allgemeinbildender Schulen einen Religionsunterricht – immerhin 4 Millionen!

Der Anteil der Kirchgänger dagegen liegt mit rund 1,2 Millionen (2021) bei etwa 5,7 Prozent (2022) aller Katholiken.

Es wäre falsch, den Religionsunterricht zu kritisieren, weil er dogmatisch sei. Zunächst ist anzuerkennen, dass ein Schulfach nicht mit der dazugehörigen Bezugswissenschaft gleichzusetzen ist. Während in den universitären Fächern stets kritisch diskutiert wird und viele Positionen auch nebeneinander stehen, ist es kennzeichnend, ja geradezu Erfordernis für ein Schulfach, den Konsens innerhalb einer wissenschaftlichen Disziplin zu vermitteln. Im Mathematikunterricht beispielsweise wird in der Schule gelehrt, dass sich zwei Parallelen nicht schneiden. Da sich das aber nicht beweisen lässt, geht zumindest die nichteuklidische Geometrie davon aus, dass sich Parallelen irgendwann schneiden. Es gehört zum Wesen eines Schulfaches, dass es Inhalte exemplarisch behandelt. Der Religionsunterricht unterscheidet sich hier nicht von allen anderen Schulfächern.

Dennoch steckt der Religionsunterricht tatsächlich in einer Identitätskrise: Worin liegt sein Selbstverständnis? Ist es die Heranführung an den Glauben kirchlicher Prägung oder biblisch begründete Werteerziehung? Schafft er es, spezifisch religiöse Antworten auf die großen Fragen zu geben, oder verliert er sich in einer Fülle von Einzelinhalten und Kompetenzen? Verstehen sich Religionslehrerinnen und -lehrer auch als Vertreter der Kirche, in deren Auftrag sie handeln, oder sind sie spirituelle Einzelkämpfer?

Bei allen Diskussionen und Legitimationsproblemen gibt es auch heute noch eine Vielzahl von Eltern, die für ihre Kinder beantragen, trotz fehlendem oder anderem Bekenntnis am Religionsunterricht teilnehmen zu dürfen. Sie erhoffen sich von diesem Fach vor allem Werteerziehung, weil sie wissen, dass unsere demokratische Gesellschaft mit ihren Verfassungswerten, vor allem den Grund- und Menschenrechten, neben Aufklärung und Humanismus vor allem vom Christentum her verständlich ist. Viele Eltern sind in der pluralistischen Spätmoderne selbst so orientierungslos, dass sie um professionelle Sinnangebote in der Schule froh sind. Dennoch ist Religionsunterricht viel mehr als Moralpädagogik.

Religionsunterricht eröffnet zunächst einen Raum für die authentische Begegnung mit gelebtem Glauben. Von Mission oder Überwältigung kann schon seit den Sechziger Jahren keine Rede mehr sein. Das Fach kann aber mehr als neutrale Religionskunde leisten. Möglich sind die existenzielle Auseinandersetzung mit Lebensfragen, lebendige Debatten und Diskussionen, ehrliche Gespräche und ganzheitliche Unterrichtsprozesse in der Begegnung mit Glaubenszeugnissen von Menschen, die berühren und existenziell herausfordern. Es reicht nicht, von einem unbeteiligten Standpunkt aus Sachkenntnisse über Religionen zu erwerben, sondern es braucht einen pädagogischen Begegnungsraum, um Religion authentisch erfahren zu können: Lehrpersonen, die aus dem Glauben leben, dessen Inhalte sie erklären und aus eigener Überzeugung nachvollziehbar machen wollen. Auch Umweltbildung oder politische Bildung lassen sich nur von leidenschaftlichen Lehrpersonen vermitteln, für die die entsprechenden Haltungen und Werte auch existenziell bedeutsam sind.

Religiosität gehört zum Menschen wie Sprache, Denken, Körperlichkeit und Kreativität. Vor allem Kinder und Jugendliche stellen existenzielle Fragen: Wohin kommen wir nach dem Tod? Warum gibt es die Welt? Wieso gibt es so viel Leid auf der Welt? Wenn wir erwachsen werden, sind wir froh, wenn wir Antworten auf diese Fragen haben, die uns helfen: in Krankheit und Tod, bei schweren menschlichen Enttäuschungen und Trennungen, wenn wir Grenzen und Niederlagen akzeptieren müssen.

Aber auch an Weihnachten und Ostern oder Lebenswenden wie der Geburt eines Kindes oder der Heirat nehmen heute noch Millionen Deutsche Gottesdienste und seelsorgerliche Angebote in Anspruch. Der Soziologe Hartmut Rosa sieht den Kern des Christentums darin, „dass am Grund meiner Existenz nicht das schweigende Universum, ein kalter Mechanismus, der nackte Zufall oder gar ein feindliches Gegenüber liegen, sondern dass dort eine Antwortbeziehung besteht[44]“. Diese Antwortbeziehung könnte im schulischen Kontext niemals in sachlich-neutraler Religionskunde erfahrbar werden, die den Glauben aus den Schulen heraushält.

Theologinnen und Theologen als Religionslehrpersonen sind viel eher in der Lage, den tieferliegenden Sinn unserer Feste und Traditionen, der Motive und Inhalte in Kunst, Literatur und Musik zu erklären, als Lehrpersonen, die die Lehrinhalte nur studiert haben, aber ohne innere Beteiligung vermitteln. Allein das Beispiel des Sonntages reicht, um dies aufzuzeigen. Dieser ist für die allermeisten Menschen noch immer ein besonderer Tag, der Raum schafft für Erholung, Familie, Begegnung mit der Natur und vielen anderen existenziellen Bedürfnissen. Darüber kann man nicht nur neutral berichten, darüber muss man pädagogisch überzeugend und begeisternd erzählen.

Das konfessionelle Bekenntnis im Sinn der kirchlichen Lehre ist nicht das Ziel, sondern die Motivation, die jungen Menschen als Glaubende zu fordern und zu fördern – und zwar mit Unterrichtsinhalten, die nicht nur zur Allgemeinbildung gehören, sondern wissenschaftlich fundiert sind wie in jedem anderen Unterrichtsfach auch. Die jungen Menschen sollen dem Stoff „intrinsisches Interesse entgegenbringen und in der Auseinandersetzung mit ihm Selbstwirksamkkeit erfahren“[45], wie es Hartmut Rosa nennt. Diese kann auch in den Atheismus münden, solange diese Relation fundiert, reflektiert und personal begründet ist.

Religion ist keine angelernte Fähigkeit wie Autofahren, sondern eine existenzielle Lebensentscheidung mit Folgen für den Einzelnen und die Gesellschaft. Religionsunterricht basiert auf der Theologie als jahrhundertelang bewährter universitärer Bezugswissenschaft. Ebenso wie Theologie an aktuellen wissenschaftlichen Entwicklungen beteiligt ist, fußt der Religionsunterricht auf einer modernen Didaktik und verpflichtet sich auf vorherrschende Qualitätsstandards der empirischen Bildungsforschung. Zur fachlichen muss demnach vor allem die didaktische und pädagogische Kompetenz kommen. Die pädagogische Kompetenz von Religionslehrerinnen und -lehrern speist sich aber aus der eigenen Glaubensüberzeugung, nur so können sie motivieren und nachhaltig bildungswirksam unterrichten. Der Religionsunterricht gibt eine Antwort auf die Gottesfrage, ohne aber indoktrinär zu sein. Letztlich wird jede Glaubenshaltung, die daraus entsteht, getragen werden von Toleranz und Offenheit, Aufgeschlossenheit für alles Wahre, Gute und Schöne sowie einer Achtung vor religiösen Überzeugungen.

Dies ist der große Anspruch an den Religionsunterricht. Und ja, er scheitert stündlich, täglich, mehrmals sogar – wie jedes andere Fach auch: Wer kennt nicht den Mathematikunterricht, der im Eilzugtempo über die Köpfe der Schülerinnen und Schüler rauscht? Unterricht läuft nicht immer perfekt. Aber deswegen ein ganzes Fach, das für die Bildung des Menschen so wichtig ist, einfach abzuwracken? Die Schlussfolgerung muss eine andere sein. Ein Ja zum Religionsunterricht und ein Ja zur Weiterentwicklung desselben im Sinn eines klaren Bekenntnisses und einer lebensnahen Ausgestaltung. Wenn das gelingt, dann werden nicht nur Kirchen wieder voller werden, sondern dann könnte auch unsere Gesellschaft im Kern wieder stärker zusammenwachsen

Dem Religionsunterricht kommt im Hinblick auf das Bildungsziel „Ehrfurcht vor Gott“ eine Leitfunktion zu, denn kein anderes Fach hat eine derart große inhaltliche Nähe zur Ehrfurcht vor Gott. Vielfach gelingt es ihm heute offensichtlich nicht, Religion in einem aufgeklärten Verständnis zu vermitteln – die Abmeldezahlen steigen, Alternativmodelle wie interkonfessionelle Religionskunde oder Werteunterricht geraten immer stärker in die Planung der

Kultusministerien, um das Fach organisierbar zu halten. Angesichts der wiederkehrenden Konflikte von Glaubensgemeinschaften ist der Religionsunterricht stärker als bisher auf seine Verfassungstreue zu hinterfragen.

Vom Grundgesetz (Art. 7 Abs. 3) her sind kirchliche Institutionen dafür verantwortlich, was aus einem religiösen Verständnis heraus im Religionsunterricht vermittelt wird. Ein Religionsunterricht für morgen muss aber auch daraufhin beleuchtet werden, wie sowohl der Geist als auch die Grundwerte der Verfassungen umgesetzt werden. Religionsunterricht ist damit nicht nur eine Vermittlung von Glaubenstheorie und Reflexion von Glaubenspraxis. Er ist vielmehr – wie jedes andere Fach auch – dem Bildungs- und Erziehungsauftrag verpflichtet und er trägt damit auch zu einer Demokratiebildung bei.[46]

Nimmt man zur Verdeutlichung erneut die Bayerische Verfassung, so muss auch der Religionsunterricht für die Achtung der religiösen Überzeugung und die Achtung der Würde des Menschen eintreten. Auch er muss als Fundament die Aufgeschlossenheit für alles Wahre, Gute und Schöne haben. Auch er muss im Geiste der Demokratie und im Sinne der Völkerverständigung erziehen. Dieses Wertebewusstsein haben nicht alle Religionen, so dass es notwendig erscheint, mit staatlichen Mitteln für die Einhaltung dieser Werte zu sorgen. Religionen, deren Glaubensinhalte mit den Grundwerten der Verfassung nicht vereinbar sind, dürfen an Schulen auch nicht unterrichtet werden. Vor diesem Hintergrund ist es an der Zeit, dass bei der Erarbeitung und Verabschiedung von Lehrplänen, bei der Ausbildung von Lehrpersonen und auch bei der Entwicklung und Evaluation von Schulmedien stärker als bisher das Verhältnis zwischen Kompetenzen und Inhalten in den Fachlehrplänen einerseits und die Grundsätze, Prinzipien und Werte des Grundgesetzes und der Länderverfassungen kritisch in den Blick zu nehmen sind. Nur auf diesem Weg sind menschenverachtende Religionspraktiken und das Auseinanderdriften der Gesellschaft in Parallelwelten zu vermeiden.

Wie lässt sich nun guter Religionsunterricht nach den die Qualitätskriterien der empirischen Bildungsforschung heute umsetzen?[47] Zur Beantwortung dieser Frage wenden wir die „7 Cs"[48] auf den Religionsunterricht an:

Care (Fürsorge): Wie die Beziehung zur Transzendenz sowie zu den Mitgeschöpfen von elementarer Bedeutung ist, bauen insbesondere Religionslehrerinnen und -lehrer unterstützende, persönliche Beziehungen zu ihren Schülerinnen und Schülern auf, pflegen eine emotional sichere Atmosphäre und gehen konsequent auf die religiös konnotierten Lernbedürfnisse der Schülerinnen und Schüler ein.

Challenge (Herausforderung): Religionsunterricht ist eines der anspruchsvollsten Fächer überhaupt, indem sich Schülerinnen und Schüler nicht nur kognitiv anstrengen, sondern auch emotional und motivational fordernde Lernleistungen erbringen müssen, die nicht selten unmittelbar mit ihrem Leben von der Geburt bis zum Tod zu tun haben. Konfessioneller Religionsunterricht kann ein Ort sein, an dem junge Menschen vor allem Leistungsanspruch an sie eine Erfahrung des personalen Zuspruchs machen und damit ein Gegengewicht zur Gefährdung durch kognitive Überforderung erfahren. Die Anbahnung und Weiterentwicklung einer Glaubenshaltung ist zugleich ein menschlich höchst fordernder Prozess.

Clarify (Klarheit): Gerade in einer religionspluralen und säkularen Gesellschaft ist die Auseinandersetzung mit Glaubensthemen auf Verständlichkeit und Strukturierung angewiesen. Gedanken, Ideen, Themen und Konzepte müssen auf vielfältige Weise lebensnah, authentisch, anschaulich und abwechslungsreich vermittelt werden.

„Control“ (Klassenführung): Religiosität und Religion ist immer auf Gemeinschaft bezogen. Die Förderung eines geordneten, respektvollen und aufgabenorientierten Verhaltens in der Lerngruppe ist daher von klar konzipierten und transparenten Regeln und Ritualen abhängig, die ein effektives Lernklima schaffen.

Captivate (Motivierung): Religionslehrerinnen und -lehrer müssen von den Inhalten ihres Faches bewegt, getragen und existenziell geprägt sein. Religiös geprägte bzw. suchende Schüler können in konfessionellem Unterricht angemessener Begleitung und Unterstützung auf ihrem Weg erfahren, gerade dann, wenn Lehrpersonen als religiös kompetent wahrgenommen werden. Nur so wecken sie das Interesse der Schülerinnen und Schüler an Inhalten, die immer mehr jungen Menschen fremd bis rätselhaft sind.

Consolidate (Sicherung): Gerade der Religionsunterricht darf nicht mit Detailwissen überfrachtet sein, sondern muss auf Systematik und Vernetzung achten. Zum Beispiel ist die Einsicht in den Zusammenhang von Gottesbild, Menschenbild, Ethik und Zukunftskonzepten elementar, um die zentralen Botschaften der jeweiligen Konfession wirklich verstehen zu können.

Confer (Mitwirkung): Partizipation ist eine wesentliche religiöse Kompetenz. Nur Lehrpersonen, die ein hohes Maß an Kooperation und Rückmeldung im Unterricht anstreben, eröffnen den ihnen anvertrauten jungen Menschen die Chance, sich religiöse Inhalte individuell modifiziert anzueignen. „Wer glaubt, ist nie allein“ (Papst Benedikt XVI.).

Diese Qualitätskriterien sind mehr als ein bloßer Katalog an Leitlinien. Die Quintessenz aus über 2.100 Meta-Analysen in „Visible Learning“[49] ist, dass die Lehrerpersönlichkeit wichtiger als Struktur, Methode, Medien ist – und hier spielt vor allem die Haltung der Lehrperson eine Rolle. Religionslehrerinnen und Religionslehrer brauchen als Glaubenspersönlichkeiten mehr als nur fachliche, pädagogische und didaktische Kompetenzen. Religionsunterricht als Ort des Glaubens verfolgt nicht nur das Ziel, religiöse Inhalte zu vermitteln, sondern auch Glaubenserfahrungen zu ermöglichen. Insofern geht es neben dem Wissen und Können religiöser Inhalte immer auch um Glauben als Lebensform, als Modus der Weltbegegnung, als Manifestation religiöser Intelligenz. Eine Religionskunde kann das nicht leisten. Nur ein hochwertiger Religionsunterricht, in dem die Lehrerinnen und Lehrer auch ihre persönliche Glaubenshaltung einbringen, ist dazu in der Lage. Er hat in einer weltanschaulich neutralen Demokratie nur eine Chance, insofern vor allem auf die pädagogische Qualität des Unterrichts fokussiert wird.

10. Ehrfurcht vor Gott im Einklang mit weltanschaulicher Neutralität und Religionsfreiheit

Der staatliche Bildungs- und Erziehungsauftrag umfasst also in Art. 131 Abs. 2 BV konkrete Bildungs- und Erziehungsziele, denen Verfassungswerte zugrunde liegen und die dementsprechend als verbindliche Rechtsnormen formuliert sind. Vor diesem Hintergrund sind für den Juristen Peter Häberle[50] staatlich vorgegebene „Erziehungsziele und Orientierungswerte … konsensbildende Elemente im Verfassungsstaat. Sie erweisen sich als unverzichtbar und bilden ein Stück seiner Identität und Öffentlichkeit … Dank der Erziehungsziele … können die Menschen wissen lernen, wer sie sein sollen, wer sie sein können und sein wollen". Für staatlich vorgegebene Erziehungsziele ist es nach Böhm/Seichter unabdingbar, „dass diese Ziele in einem argumentativen Diskurs legitimiert und … einsichtig begründet werden, wenn Erziehung nicht zwang-, drill- und anpassungshaften Charakter annehmen soll".[51]

Unsere Gesellschaft befindet sich nach dem Soziologen Reckwitz[52] in der Spätmoderne, die sich aus der Moderne heraus entwickelt hat. Kennzeichen dieser Phase ist die Verknüpfung des Verlustes traditioneller Bindungen, Funktionalitäten und Sinnsysteme mit einer Erweiterung sozialer Kräfte der Moderne (z. B. liberales Fortschrittsnarrativ; Rationalisierung, Technisierung), woraus sich eine „Gesellschaft der Singularitäten[53]", ergibt. Vor diesem Hintergrund muss auch das oberste Bildungsziel „Ehrfurcht vor Gott" schulpädagogisch zeitgemäß interpretiert werden. Dazu hilft zunächst ein Blick in die juristischen Kommentare.[54]

Im Kontext von Pluralisierung und Säkularisierung ist zunächst zu beachten, dass die Bayerische Verfassung dem Grundsatz der Trennung von Staat und Kirche im Sinne Art. 140 GG folgt, aber die Religion nicht wie in einem streng laizistischen Staat aus dem Gemeinwesen ausschließt, was sich in der Legitimation des konfessionellen Religionsunterrichts als ordentliches Lehrfach (vgl. Art. 7 GG) zeigt. Ungeachtet der religiös-weltanschaulichen Neutralität des Staates findet im Bildungsziel „Ehrfurcht vor Gott" nicht nur die zeitgeschichtliche Situation nach dem Zweiten Weltkrieg („eine Staats- und Gesellschaftsordnung ohne Gott", wie es in der Präambel der Bayerischen Verfassung heißt), ihren Reflex, sondern das Bildungsziel greift mit dem Gottesbegriff auch die Tradition von Judentum und Christentum auf, die bis heute tragende Wurzel der Kultur Bayerns ist.

Der Rechtswissenschaftler Max-Emanuel Geis schließt in seinem Kommentar zu Art. 131 BV ein Missverständnis dieses Bildungszieles aus, das angesichts der heutigen religiösen Situation immer wieder zu hören ist:

> „Die weltanschauliche Indifferenz des modernen Staates führt nicht zu einer Negierung werthaltiger Erziehung in der Schule … ‚Ehrfurcht vor Gott' ist im Kontext des Toleranzgebots (Art. 136 Abs. 1 BV) und der (auch negativen) Glaubens- und Bekenntnisfreiheit aller (Art. 107 BV) zu verstehen. Entscheidend für die Vereinbarkeit mit dem staatlichen Neutralitätsgebot ist, dass jede Form von ‚Indoktrination' im Sinne einer gezielten Beeinflussung oder Agitation im Dienste einer bestimmten politischen, ideologischen oder weltanschaulichen Richtung zu untersagen ist"[55]

Der Rechtswissenschaftler Markus Möstl weist in seinem Kommentar zu Art. 131 BV darauf hin, dass die „Ehrfurcht vor Gott nicht für alle verbindlich ist und auch nicht für alle verbindlich gemacht werden kann".[56]

Auf dieser juristischen Grundlage und im soziologischen Kontext der spätmodernen Gesellschaft, für die Säkularisierung und Pluralisierung prägende Signaturen sind, erhebt sich die Frage, was unter dem Begriff „Ehrfurcht vor Gott“ heute sowohl in zeit- als auch verfassungsgemäßer Weis verstanden werden kann. Gehen wir davon aus, dass der Mensch als reflexives Wesen nach einem glücklichen, sinnerfüllten Leben strebt und dieses aufgrund der Fehlbarkeit, Vorläufigkeit, Beschränktheit und Begrenztheit der menschlichen Existenz in dieser Welt nicht absolut und endgültig sowie allgemeinverbindlich finden kann, erweist sich die religiöse Perspektive eines Transzendenzbezugs als Korrelat zur Glaubens- und Gewissensfreiheit des Menschen (vgl. Art. 4 Abs. 1 GG) als Option, die den Verfassungsvätern vor allem im Kontext der Stunde Null bewusst war und die gerade heute vor dem Hintergrund vielfältigster Krisen immer noch besteht. Diese Grundhaltung findet sich auch in der noch immer gültigen Präambel des Grundgesetzes, die zwar kein Staatsziel formuliert, aber immer noch verbindlicher Teil des Grundgesetzes ist und daher zum Abschluss dieses Essays noch einmal zitiert wird:

> „Im Bewußtsein seiner Verantwortung vor Gott und den Menschen, von dem Willen beseelt, als gleichberechtigtes Glied in einem vereinten Europa dem Frieden der Welt zu dienen, hat sich das Deutsche Volk kraft seiner verfassungsgebenden Gewalt dieses Grundgesetz gegeben.“[57]

Der Wissenschaftliche Dienst „Verfassung und Verwaltung“ des Deutschen Bundestages hat anlässlich einer Anfrage, ob die Bezugnahme auf Gott gegen die Glaubens- und Gewissensfreiheit des Art. 4 Abs. 1 GG verstoße, in einer Darlegung des Sachstandes folgende Auslegung des Gottesbezugs vorgelegt, die analog auf das Bildungsziel „Ehrfurcht vor Gott“ angewandt werden kann:

„Zutreffend ist, dass die Väter und Mütter des Grundgesetzes in der Bezugnahme auf Gott den christlichen Gott des Alten und

Neuen Testaments vor Augen hatten. Hieraus ergibt sich jedoch kein Widerspruch zu der religiös-weltanschaulichen Neutralität des Staates. So hat der Verfassunggeber zwar im Bewusstsein der Verantwortung vor Gott gehandelt, aber mit Art. 4 Abs. 1 und 2 GG und Art. 140 GG i. V. m. Art. 136 Abs. 1, 137 Abs. 1 WRV einen religiös und weltanschaulich neutralen Staat entworfen. Zudem wird in der Rechtsliteratur der Gottesbezug der Präambel des Grundgesetzes wie folgt ausgelegt: Überwiegend wird der Gottesbezug als Ausdruck der Demut interpretiert. Die Präambel und das Grundgesetz selbst wurden von dem Parlamentarischen Rat in den Jahren 1948/49 unter dem Eindruck der Herrschaft der Nationalsozialisten ausgearbeitet. Dem Parlamentarischen Rat erschien es erforderlich, die Abkehr von totalitären Staatsformen, die die staatliche Macht als „absolut" betrachten und als Selbstzweck begreifen, hervorzuheben. Dies wird durch eine Bezugnahme auf etwas, das über dem Staat und den Menschen steht, erreicht.

Der Begriff „Gott" wird heute gewissermaßen als Stellvertreter oder als Beispiel verstanden. Zugleich soll der Gottesbezug betonen, dass die staatliche Ordnung von Menschen gemacht ist und daher nicht perfekt, sondern für Fehler anfällig ist. Insgesamt soll die Begrenztheit menschlichen Tuns verdeutlicht werden. Es herrscht Einigkeit, dass aus dem Gottesbezug darüber hinaus keine Entscheidung für einen christlichen Staat und kein Staatsziel der Durchsetzung christlicher Lehren folgt. Wird dieses offene Verständnis des Gottesbezugs zugrunde gelegt, besteht daher kein Widerspruch zu der religiös-weltanschaulichen Neutralität des Staates und der Religionsfreiheit aus Art. 4 Abs. 1 GG."[58]

Epilog:
Ehrfurcht vor Gott – Garant unserer Zukunft

Im Prolog dieses Buches wurde die krisenhafte Situation in Deutschland betrachtet. Dabei zeigte sich, dass es für die Bewältigung dieser multiplen Herausforderungen auf jeden Einzelnen ankommt. Ob Klimawandel oder Kriege, ob Bildungskrise oder Zunahme physischer und psychischer Erkrankungen, ob Radikalisierung oder Entfremdung von der Demokratie als Staats- und Lebensform: Die grundlegende Ursache liegt unseres Erachtens in einer Selbstüberhöhung des Menschen, in fehlender Demut angesichts seiner Endlichkeit und Fehlbarkeit, kurz gesagt: in mangelnder Ehrfurcht vor Gott. Angesichts der Tatsache, dass Religionen weltweit in Konflikte und Kriege verwoben sind, ist eine Diskussion darüber unumgänglich, was Ehrfurcht vor Gott ist, wie sie verstanden werden kann und welche Bedeutung sie für unsere Gesellschaft als Ganzes und insbesondere für die Demokratie hat.

Als Gesamtergebnis unserer Überlegungen kann aus schulpädagogischer Sicht das Bildungs- und Erziehungsziel „Ehrfurcht vor Gott“ als eine respektvolle Haltung definiert werden, die sowohl eine transzendente Wirklichkeit als Urgrund und Bedingung allen Seins anerkennen kann, aber auch die Tugend der Toleranz gegenüber anderen sinnstiftenden weltanschaulichen Positionen umfasst und im Bewusstsein der Grenzen von Mensch und Welt demütig gegenüber der Begrenztheit menschlicher Möglichkeiten wie eingedenk der damit verbundenen Irrtumsanfälligkeit, Relativität und Vorläufigkeit aller menschlichen Bestrebungen ist.

Eine Haltung, die es mit der Endlichkeit und Vorläufigkeit dieser Welt ernst nimmt, sichert Humanität und Nachhaltigkeit. Sie ist die unverzichtbare Voraussetzung dafür, dass unsere Gesellschaft wieder Mut schöpft und mit Tatkraft und Zuversicht die anstehenden Aufgaben bewältigen kann. Dabei geht es nicht darum, Kirchensteuer zu zahlen, leere Rituale zu pflegen oder zu tun und zu lassen, was der Papst sagt. Es geht vielmehr um „Ehrfurcht vor Gott“ als Grundlage einer menschlichen Haltung im Horizont der Begrenztheit unseres Lebens und aller menschlichen Anstrengung – unabhängig von Glaube, Religion und Kirche. Bescheidenheit und Demut, Achtung und Respekt, Offenheit und Toleranz, Klarheit und Korrekturoffenheit, Bereitschaft zu Verzicht und einem neuen Lebensstil sind überlebenswichtige Haltungen der ganzen Menschheit. Das ist mehr als die Reduktion des CO_2-Ausstoßes durch vegane Kantinen und Lastenfahrräder. Auf die Haltung kommt es an!

Fangen wir in unseren Schulen an, unsere Kinder und Jugendlichen in dieser Haltung durch unser Vorbild, durch konsequente und nachhaltige Erziehung, durch anspruchsvollen Unterricht glaubwürdig zu unterstützen – dann findet unser Land auch wieder aus der Krise und ist bereit, sich den vielfältigen Herausforderungen unserer Zeit mit Wissen und Können, Herz und Charakter zu stellen.

Endnoten

1 Gesellschaft für deutsche Sprache 2023.
2 Vgl. Zierer 2021a.
3 Gesellschaft für deutsche Sprache [4]2023.
4 Vgl. Gauck/Hirsch 2023.
5 Als Zusammenfassung der Ergebnisse vgl. Lewalter et al. 2023.
6 DAK 2023.
7 Thiele 2023, S. 44.
8 Bundesministerium der Justiz 2024.
9 Bayerische Staatskanzlei 2024.
10 Thiele 2023, S. 23.
11 Bayerische Staatskanzlei 2024.
12 Böckenförde 1967, S. 60.
13 Ausführlicher dazu Zierer et al. 2013, S. 19–30.
14 Bundesministerium der Justiz 2024.
15 Ebd.
16 Reckwitz [2]2019, S. 12.
17 Bayerische Staatskanzlei 2024.
18 Vgl. Wilber 2017.
19 Tillich 1962, S. 8 f.
20 Kant [4]2016, S. 140.
21 Böckenförde 1967, S. 60.
22 Herbart 1835, § 58.
23 Vgl. Gardner [4]2013.
24 Wilber [3]2001.
25 Vgl. Piaget 1972.
26 Ausführlicher dazu vgl. S. 78–80.
27 Vgl. Fowler 2000.
28 Müller 1958, S. 25.
29 Vgl. Wilber 2017.
30 Vgl. Luhmann 1984.
31 Papst Benedikt XVI. 2005, S. 7.
32 Schulz von Thun 2006, S. 38.

33 Ebd.
34 Vgl. Albert et al. 2019.
35 Vgl. Kohlberg 1997.
36 Zit. n. Lind 2009, S. 46.
37 Vgl. Lind 2009, S. 33.
38 Tellings/Zierer 2010, S. 122 f.
39 Ebd., S. 123.
40 Vgl. zuletzt Zierer ^{4}2023.
41 Staatsinstitut für Schulqualität und Bildungsforschung 2016, S. 26 f.
42 Ebd., S. 29.
43 Vgl. zum Folgenden Zierer/Gottfried 2023.
44 Rosa ^{10}2022: S. 71.
45 Rosa ^{6}2022: S. 412.
46 Vgl. Nida-Rümelin/Zierer 2023.
47 Vgl. zum Folgenden Gottfried/Zierer 2023.
48 Vgl. MET 2010.
49 Vgl. Hattie/Zierer 2020.
50 Häberle 1981, S. 13.
51 Böhm/Seichter 2022, S. 153.
52 Vgl. Reckwitz ^{2}2019.
53 Reckwitz 2017.
54 Vgl. Geis 2014 und Möstl 2009/2017.
55 Geis 2014, S. 1154.
56 Möstl 2009/2017, S. 970.
57 Bundesministerium der Justiz 2024.
58 Wissenschaftliche Dienste 2016.

Literatur

Albert, M. et al. (2019): Jugend 2019 – 18. Shell Jugendstudie: Eine Generation meldet sich zu Wort, Weinheim/Basel.

Bayerische Staatskanzlei (2024): Verfassung des Freistaats Bayern (URL: https://www.gesetze-bayern.de/Content/Document/BayVerf; 20.01.2024).

Bayerisches Staatsministerium für Arbeit und Sozialordnung, Familie und Frauen; Bayerisches Staatsministerium für Bildung und Kultus, Wissenschaft und Kunst (Hrsg.) (2012): Gemeinsam Verantwortung tragen. Bayerische Leitlinien für Bildung und Erziehung von Kindern bis zum Ende der Grundschulzeit, München (URL: https://www.ifp.bayern.de/imperia/md/content/stmas/ifp/bayerische_bildungsleitlinien.pdf; 20.01.2024).

Böckenförde, Ernst-Wolfgang (1967): Die Entstehung des Staates als Vorgang der Säkularisation. In: Ders. (1976): Staat, Gesellschaft, Freiheit. Studien zur Staatstheorie und zum Verfassungsrecht, Frankfurt/M. (= Suhrkamp-Taschenbuch Wissenschaft; Band 914), S. 42–64.

Böhm, Winfried; Seichter, Sabine (2022): Wörterbuch der Pädagogik. 18., aktual. u. vollst. überarb. Aufl., Paderborn (= utb; Band 8716).

Bundesministerium der Justiz (2024): Grundgesetz für die Bundesrepublik Deutschland (URL: https://www.gesetze-im-internet.de/gg/; 20.01.2024).

Bundesministerium für Bildung und Forschung (2023): BNE. Bildung für nachhaltige Entwicklung (URL: www.bne-portal.de; 20.01.2024).

Bundesverfassungsgericht (BVerfG) (2015): Beschluss der 2. Kammer des Ersten Senats vom 19. August 2015 – 1 Br. 2388/11 -, Ran. 1–22, (URL: https://www.bundesverfassungsgericht.de/e/rk20150819_1bvr238811.html; 20.01.2024).

DAK Gesundheit (2023): Kinder- und Jugendreport 2023. Gesundheit und Gesundheitsversorgung während und nach der Pandemie (URL: https://www.dak.de/dak/unternehmen/reporte-forschung/dak-kinder-und-jugendreport-2023_45524; 20.01.2024).

Detjen, Joachim (2012): Verfassungswerte. Welche Werte bestimmen das Grundgesetz? (Unveränderter Nachdruck der Ausgabe 2009), Bonn (= Schriftenreihe der Bundeszentrale für politische Bildung; Band 1294).

Dreier, Horst (2018): Staat ohne Gott. Religion in der säkularen Moderne, Bonn (= Schriftenreihe der Bundeszentrale für politische Bildung; Band 120246).

Dreier, Horst (2019): Recht und Religion: Zur (Un-)Möglichkeit religiös-weltanschaulicher Neutralität des Staates. In: Religion und Gesellschaft. Sinnstiftungssysteme im Konflikt. Hrsg. von Friedrich Wilhelm Graf und Jens-Uwe Hartmann, Berlin/Boston (URL: https://doi.org/10.1515/9783110582611; 21.01.2024).

Fowler, James W. (2000): Stufen des Glaubens, Gütersloh.

Gardner, Howard ([4]2013): Intelligenzen. Die Vielfalt des menschlichen Geistes, Stuttgart.

Gauck, Joachim; Hirsch, Helga ([4]2023): Erschütterungen. Was unsere Demokratie von außen und innen bedroht, München.

Geis, Max-Emanuel (2014): Art. 131 [Bildungs- und Erziehungsziele]. In: Die Verfassung des Freistaates Bayern, Kommentar. Hrsg. v. Theodor Meder und Winfried Brechmann, 5., neu bearb. Aufl., Stuttgart, S. 1150–1158.

Gesellschaft für deutsche Sprache (2023): GfdS wählt „Krisenmodus“ zum Wort des Jahres 2023. Pressemitteilung vom 08.12.2023 (URL: https://gfds.de/wort-des-jahres-2023/; 20.01.2024).

Göttler, Norbert (2015): Neue Werte hinzufügen. Vorschläge für eine zeitgemäße Heimatpflege. In: Dialekte in Bayern. Handreichung für den Unterricht. 2. Aufl. Hrsg. v. Bayerisches Staatsministerium für Bildung und Kultus, Wissenschaft und Kunst, München, S. 376–385, (URL: https://www.km.bayern.de/epaper/Dialekte_in_Bayern/files/assets/common/downloads/publication.pdf ; 20.01.2024).

Gottfried, Thomas; Zierer, Klaus (2023): Verfassungsauftrag oder Auslaufmodell?. In: Herder Korrespondenz 77(8), S. 38–41.

Häberle, Peter (1981): Erziehungsziele und Orientierungswerte im Verfassungsstaat, Freiburg/München.

Hattie, John; Zierer, Klaus (2020): Kenne deinen Einfluss! Visible Learning für die Unterrichtspraxis, 5., unveränd. Aufl., Baltmannsweiler.

Hegel, Georg Wilhelm Friedrich (1807/2020): Phänomenologie des Geistes, Stuttgart.

Herbart, Johann Friedrich (1835): Umriss pädagogischer Vorlesungen, Paderborn.

Kant, Immanuel ([4]2016): Kritik der praktischen Vernunft. Vollst., durchges. Neusatz bearbeitet und eingerichtet von Michael Holzinger, Berlin.

Kohlberg, Lawrence (1997): Die Psychologie der Moralentwicklung, Frankfurt/M.

Kretschmann, Tabea (2021): Demokratische Grundwertebildung im Deutschunterricht. Theoretische Grundlagen und Konzepte für die Unterrichtspraxis, Baltmannsweiler.

Kurz, Gerhard (2015): Das Wahre, Schöne, Gute. Aufstieg, Fall und Fortbestehen einer Trias, Paderborn.

Lagler, Wilfried (1998): Gott im Grundgesetz? Zur Bedeutung des Gottesbezugs in unserer Verfassung und zum christlichen Hintergrund der Grund- und Menschenrechte, (URL: https://publikationen.uni-tuebingen.de/xmlui/handle/10900/43790; 21.01.2024).

Lewalter, Doris et al. (2023): PISA 2022. Analyse der Bildungsergebnisse in Deutschland. Zusammenfassung (URL: https://www.pisa.tum.de/fileadmin/w00bgi/www/Berichtsbaende_und_Zusammenfassungungen/PISA-2022-zusammenfassung.pdf; 25.02.2024).

Lind, Georg (2009): Moral ist lehrbar – Handbuch zur Theorie und Praxis moralischer und demokratischer Bildung, München.

Luhmann, Niklas (1984): Soziale Systeme – Grundriss einer allgemeinen Theorie, Frankfurt/M.

Marx, Reinhard; Zierer, Klaus (2013): Glaube und Bildung. Ein Dialog zwischen Theologie und Erziehungswissenschaft, Paderborn u. a.

MET – Measures of effektive teaching (2010): Learning about Teaching. Bill & Melinda Gates Foundation. Colorado u. a. URL: https://files.eric.ed.gov/fulltext/ED528382.pdf (06.03.2024).

Möstl, Markus (2009/2017): Art. 131 [Bildungsziele]. In: Verfassung des Freistaates Bayern: Kommentar. Hrsg. von Josef Franz Lindner, Markus Möstl und Heinrich Amadeus Wolff, München, S. 964–971.

Müller, Max (1958): Bildung, in: Staatslexikon, 2. Band, hrsg. v. d. Görres-Gesellschaft. Freiburg, S. 25.

Nida-Rümelin, Julian; Zierer, Klaus (2023): Demokratie in die Köpfe. Warum sich unsere Zukunft in den Schulen entscheidet, Stuttgart.

Papst Benedikt XVI. (2005): Glaube, Vernunft und Universität. Erinnerungen und Reflexionen. Ansprache in der Aula der Universität Regensburg am 12.09.2006 (URL: https://bistum-regensburg.de/fileadmin/Bilder/News_u._Kirchenjahr/News_2022/News_2022_12/230103_Regensburger_Vorlesung_12._September_2006.pdf; 27.02.2024).

Piaget, Jean (1972): Die Entwicklung des Erkennens, Stuttgart.

Reckwitz, Andreas (2017): Die Gesellschaft der Singularitäten. Zum Strukturwandel der Moderne, Berlin

Reckwitz, Andreas ([2]2019): Das Ende der Illusionen. Politik, Ökonomie und Kultur in der Spätmoderne, Berlin (= edition suhrkamp; Band 2735).

Reuter, Lutz Rainer (2003): Erziehungsziele aus rechtlicher Sicht. In: Recht - Erziehung - Staat. Zur Genese einer Problemkonstellation und zur Programmatik ihrer zukünftigen Entwicklung. Hrsg. v. Hans-Peter Füssel, Hans und Peter M. Roeder, Weinheim, S. 28–48. (= Zeitschrift für Pädagogik, Beiheft; 47) URL: https://www.pedocs.de/volltexte/2011/3967/pdf/ZfPaed_47_Beiheft_Reuter_Erziehungs_und_Bildungsziele_D_A.pdf; 21.01.2024).

Rosa, Hartmut ([10]2022): Demokratie braucht Religion. Über ein eigentümliches Resonanzverhältnis. München.

Rosa, Hartmut ([6]2022): Resonanz. Eine Soziologie der Weltbeziehung, Frankfurt/M (=suhrkamp taschenbuch wissenschaft; Band 2272).

Schubarth, Wilfried et al. (2017): Werte machen Schule. Lernen für eine offene Gesellschaft, Stuttgart (= Brennpunkt Schule).

Schulz von Thun, Friedemann (2006): Miteinander reden: 2 – Stile, Werte und Persönlichkeitsentwicklung, Reinbek bei Hamburg.

Staatsinstitut für Schulqualität und Bildungsforschung (2016): Oberste Bildungsziele in Bayern. Art. 131 der Bayerischen Verfassung – Wertefundament des LehrplanPLUS, München (URL: https://www.isb.bayern.de/grundsatzabteilung/paedagogische-grundsatzfragen/kompetenzorientierung-und-lehrplanplus/handreichung-oberste-bildungsziele/ ; 20.01.2024).

Standop, Jutta ([2]2016): Werte in der Schule. Grundlegende Konzepte und Handlungsansätze, Weinheim/Basel.

Stein, Margit (2008): Wie können wir Kindern Werte vermitteln? Werteerziehung in Familie und Schule, München/Basel.

Tellings, Agnes; Zierer, Klaus (2010): Integrative Ansätze einer Werteerziehung. In: Zierer, Klaus (2010), S. 122–125.

Thiele, Alexander (2023): Das Grundgesetz. Verständlich erklärt, Stuttgart (= Reclams Universalbibliothek; Band 14415).

Tillich, Paul (1962): Die verlorene Dimension. Not und Hoffnung unserer Zeit, Hamburg.

Weißer, Ulrich (2015): Die Bundesrepublik Deutschland – ein Erfolgsprojekt, Berlin.

Wiater, Werner (2013): Erziehen und Bilden. Prüfungswissen – Basiswissen Schulpädagogik, Donauwörth.

Wilber, Ken (³2001): Eros, Kosmos, Logos. Eine Jahrtausend-Vision, Frankfurt/M.

Wilber, Ken (2017): Integrale Spiritualität. Spirituelle Intelligenz rettet die Welt, München.

Wissenschaftliche Dienste – Deutscher Bundestag (2016): Sachstand: Zum Gottesbezug in der Präambel des Grundgesetzes. WD 3–3000–067/16 (01.03.2016), Berlin (URL: https://www.bundestag.de/resource/blob/425096/ecc17a8eebd0b36bc9313d057f532136/WD-3-067-16-pdf-data.pdf; 20.01.2024).

Zierer, Klaus (2010): Schulische Werteerziehung. Kompendium, Baltmannsweiler.

Zierer, Klaus et al. (2013): Methoden erziehungswissenschaftlicher Forschung, München (= utb; Band 4026).

Zierer, Klaus (2015): Conditio humana. Eine Einführung in pädagogisches Denken und Handeln, 4. Aufl., Baltmannsweiler.

Zierer, Klaus (2015): Nicht nur Wissen und Können, sondern auch und vor allem Wollen und Werten, in: Pädagogische Rundschau (2015)1, S. 91–98.

Zierer, Klaus (2020): Werte in Bayern. Antworten auf die Herausforderungen des 21. Jahrhunderts in Bildung, Politik und Kultur, München.

Zierer, Klaus (2021a): Ein Jahr zum Vergessen. Wie wir die Bildungskatastrophe nach Corona verhindern, Freiburg i.Br.

Zierer, Klaus (2021b): Prinzip Freude. Jugendliche haben ein Recht auf Unbeschwertheit, München.

Zierer, Klaus (2022): Der Sokratische Eid. Eine zeitgemäße Interpretation, Münster/New York.

Zierer, Klaus (⁴2023): Hattie für gestresste Lehrer: Kernbotschaften aus „Visible Learning" mit über 2100 Meta-Analysen, 4. erw. u. aktual. Auflage, Baltmannsweiler.

Zierer, Klaus, Gottfried, Thomas (2023): Bildung braucht Religion. URL: https://www.zeit.de/gesellschaft/schule/2023-04/religionsunterricht-bildung-kinder-werte; 25.02.2024).